Klar zum Wenden !

Klar zum

Richard Henderson

Wenden!

Ein praktisches Handbuch für den Segelsport

Mit 8 Photos und 100 Zeichnungen

Albert Müller Verlag
Rüschlikon-Zürich · Stuttgart · Wien

Aus dem Amerikanischen übersetzt und für die deutsche Ausgabe bearbeitet von Hannes Gubler. – Titel des amerikanischen Originals: «Hand, Reef and Steer.»
ISBN 3275004549. – Printed in Switzerland.

Bildnachweis:
Photo bei Seite 97: Helmut Beckmann; bei Seiten 80, 81: Leonardo Bezzola; bei Seiten 32, 33, 49, 96: Bruell Pressbild; bei Seite 48: Hannes Gubler; Schutzumschlag: J. Glücksmann. Gestaltung: J. Stierli.

Inhalt

Ein Schoner, eine Yawl oder ein Kutter scheint sich unter der Führung eines tüchtigen Mannes von selbst zu bewegen, als besäße das Boot selbständiges Denkvermögen und eine rasche Auffassungsgabe. Bei manchen Manövern könnte man vor reinem Vergnügen laut herauslachen. Es ist, als sähe man einem lebendigen Wesen voll behender Klugheit und reizender Bestimmtheit zu.
(Joseph Conrad, *Spiegel der See*)

Vorwort

Es gibt ausgezeichnete Segelbücher. Viele jedoch sind für Anfänger zu technisch und zu kompliziert. In andern, die speziell für Anfänger geschrieben sind, fehlen aber die notwendigen Details über Bootsbedienung, Segeltrimm und vor allem Seemannschaft. Dieses Buch versucht, den Stoff so zu straffen, daß alle grundlegenden Gebiete des Segelns behandelt werden können. Ohne Kenntnis dieser Grundlagen sollte kein Anfänger allein segeln. Hat er aber diese Kenntnisse einmal erworben, wird er in der Lage sein, die schönste aller Sportarten wirklich zu genießen. Segeln fördert Selbstsicherheit, Geduld, Menschlichkeit, Sportlichkeit und Achtung vor den Mitmenschen. Ich kenne keine bessere Erziehungsgrundlage für junge Menschen.
Da aber ein Buch aus einer Landratte niemals einen Seemann machen kann, wird die Praxis die Theorie ergänzen müssen. Dazu wünsche ich dem Leser günstige Winde und eine wundervolle Wasserfläche voraus.

1. Fachausdrücke

Die Wissenschaft des Segelns verwendet spezielle Definitionen und Ausdrücke, die jeder Anfänger gut lernen sollte. Dieses Kapitel soll eine erste Grundlage für das weitere Verstehen schaffen. Viele andere nautische Ausdrücke werden später folgen. Jedesmal, wenn ein solcher Begriff zum erstenmal genannt wird, wird er kursiv gedruckt und entweder im Text oder durch Anmerkungen erklärt. Zusätzlich wird am Schluß des Buches ein Verzeichnis der Fachausdrücke angefügt. Es wird angestrebt, die Ausdrücke auf einfachste Art verständlich zu machen.

Abb. 1 befaßt sich mit der Bezeichnung der Richtungen. Sie zeigt die Umrisse eines Bootes von oben. Der *Bug* ist der vordere oder *vorliche* Teil des Bootes, das *Heck* bildet den hinteren oder *achterlichen* Teil. Wenn wir auf einem Boot den Blick nach vorn richten, schauen wir *voraus*. Wenn wir gegen das Heck blicken, schauen wir nach *achtern* oder *achteraus*. Die *Steuerbordseite* eines Bootes ist rechts, wenn man nach vorn schaut, die linke Seite ist die *Backbordseite*. Die *Luvseite* ist die dem Wind zugekehrte, die *Leeseite* die dem Wind abgewandte Seite.

Mittschiffs ist der mittlere Teil eines Bootes, und zwar sowohl von vorn wie von hinten und von beiden Seiten gesehen. *An Bord* heißt im Boot drin. Das Gegenteil ist *außenbords*. Wenn man ein Boot betritt, geht man *an Bord,* wenn man es verläßt, *von Bord. Querab* bedeutet seitlich, in einem rechten Winkel zur Schiffsachse.

Seeleute haben ein System, die Richtungen anzuzeigen. Es besteht darin, den vollen Kreis in 32 Sektoren, *Striche* genannt, einzuteilen. Von direkt voraus bis querab sind es demnach 8 Striche, und von querab weiter achtern bis direkt achteraus noch einmal 8 Striche. Für den Halbkreis also total 16 Striche.

Abb. 2 zeigt die wichtigsten Teile einer Yacht. Die Begriffe, die die Konstruktion eines Bootes betreffen, werden später, im 3. Kapitel, behandelt. Das in Abb. 2 abgebildete Boot ist ein typischer kleinerer Tourenkreuzer. Die *Kajüte* ist der gedeckte Raum, der in der Regel die notwendigen Einrichtungen für das Leben an Bord enthält, mit einer Küche, *Kombüse* genannt, und den *Kojen* oder Schlafplätzen. Wenn man eine Kajüte betritt, geht man *nach unten,* und zwar nicht etwa die Treppe hinunter, man geht durch den *Niedergang* nach unten. Den Teil der Kajüte, der über das Deck des Bootes ragt, nennt man den *Kajütenaufbau*. Die runden Fenster nennt man *Bullaugen*.

Der flache Abschluß des Bootes achtern ist der *Spiegel*. Das *Deck* bildet den oberen Abschluß des Bootskörpers, das heißt, die mehr oder weniger horizontale Fläche, auf der man geht. Es ist außen abgeschlossen durch das *Schanzkleid* oder die *Reling*. In offenen, nur teilweise eingedeckten Booten nennt man die äußerste Decksplanke *Schandeck*. Öffnungen durch das Deck oder die Kajütenaufbauten nennt man *Luken;* sie sind verschlossen mit dem *Lukendeckel.*

Das *Cockpit* ist der offene Raum achtern, wo die Mannschaft sitzt. Der Steuermann befindet sich in der Regel in der Nähe der *Pinne,* mit der man das Boot steuert. Die Pinne ist verbunden mit dem *Steuerruder* oder einfach *Ruder,* der vertikalen Platte hinter dem Kiel. Der *Kiel,* das Rückgrat des Bootes, ist oft flächenartig vergrößert, wie Abb. 2 zeigt. Das Cockpit ist meist durch einen erhöhten Rand, *Waschbord* genannt, abgeschlossen, um das Eindringen von Spritzwasser zu verhindern. Ein horizontales Rundholz, der *Baum,* ist am *Mast* mit dem *Großbaumbeschlag* befestigt. Wenn das Boot nicht segelt, ruht der Baum gewöhnlich auf einer *Baumstütze.* Der Mast wird durch die *Wanten* und *Stage,* das *stehende Gut,* gehalten.

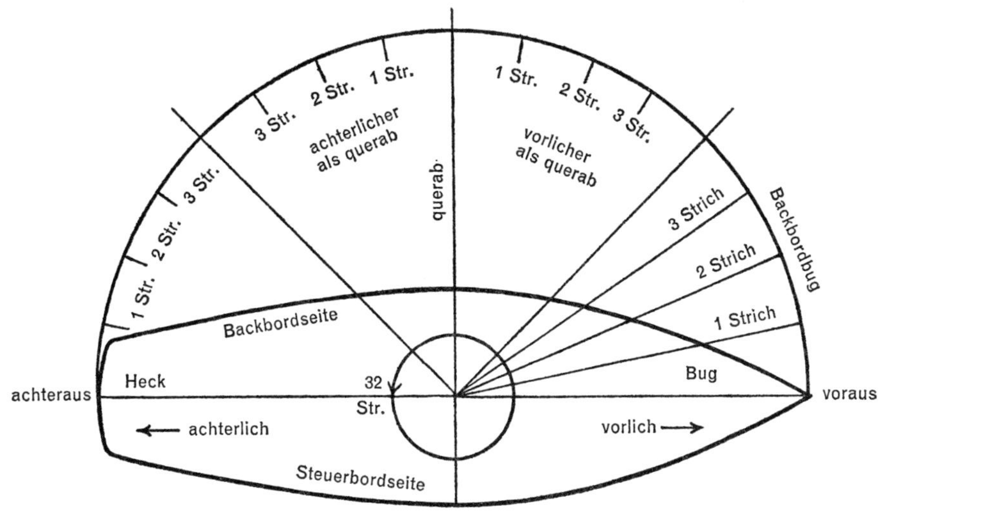

Abb. 1. Bezeichnungen der Richtungen

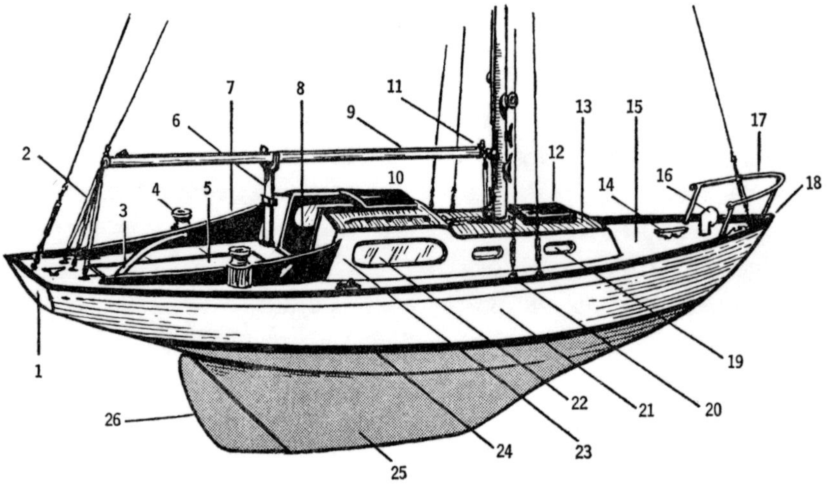

Abb. 2. Fachausdrücke

1 Spiegel
2 Großschot
3 Pinne
4 Winsch
5 Cockpit
6 Baumstütze
7 Waschbord
8 Niedergang
9 Großbaum
10 Schiebekappe
11 Großbaumbeschlag
12 Lukendeckel
13 Aufbaudeck
14 Belegklampe
15 Vordeck
16 Lüfter
17 Bugkorb
18 Bug
19 Bullaugen
20 Püttingeisen
21 Bordwand
22 Kajütfenster
23 Kajütaufbau
24 Wasserlinie
25 Kiel
26 Ruder

2. Das erste Boot

Der richtige Bootstyp

Die richtige Wahl des ersten Bootes ist für jeden Anfänger äußerst wichtig. Man sollte genau überlegen, zu welchem Zweck das Boot überhaupt dienen soll. Die meisten Boote sind für besondere Bedürfnisse zugeschnitten. Manche sind für Regatten konzipiert, andere für Ausflugssegeln mit der Familie und wieder andere für Langstreckensegeln. Viele *Kreuzer** sind so gebaut, daß sie gegen den Wind und eine harte See möglichst gut ankreuzen können, und andere, damit sie mit dem Wind auf den Wellen gleiten. Viele Boote sind entworfen worden, damit man sicher und angenehm segeln kann. Andere dienen dem Zwecke, möglichst große Geschwindigkeit oder Seetüchtigkeit zu erreichen. Es ist unmöglich, Boote zu konstruieren, die alle denkbaren Eigenschaften vereinen.

Um genau herauszufinden, welchen Zweck ein Boot erfüllen soll, muß sich der zukünftige Eigner die folgenden Fragen stellen: Wo soll das Boot benützt werden? Im offenen oder im geschützten Wasser? Herrschen dort starke oder leichte Winde vor? Konstante oder böige? Ist das Wasser tief oder nicht? Wo kann das Boot verankert oder untergebracht werden? Welche Bootstypen werden dort bereits verwendet? Sollen mit dem Boot längere Fahrten unternommen werden können? Möchte der zukünftige Besitzer vielleicht sogar an Regatten mitsegeln? Will er oft allein segeln, oder möchte er seine ganze Familie mitnehmen? Oder Freunde? Sollen Kinder mitsegeln können? Wie oft kann das Boot verwendet werden?

Alle diese Fragen müssen sorgfältig erwogen und beantwortet werden. Selbstverständlich ist dabei immer die Frage zu berücksichtigen, wie viele Mittel überhaupt für den Kauf und den Unterhalt des Bootes zur Verfügung stehen.

Größe und grundlegende Erfordernisse

Viele Leute glauben, daß das erste Boot eines Anfängers klein sein soll. Dies gilt sicher für junge Leute. Erwachsene fühlen sich in der Regel in kleinen Nußschalen kaum wohl. Mittelgroße Boote sind oft gutmütiger und verursachen dem Ungeübten weniger Enttäuschungen als kleine und unberechenbare *Jollen**, die leicht *kentern.**

Die wichtigste Voraussetzung für das erste Boot, unabhängig von der Größe, ist die Wahl einer guten, leicht zu handhabenden Konstruktion. Dies bedeutet, daß das Boot richtig

* *Kreuzer:* Kajütboote, ausgerüstet für längere Fahrten.

**Jolle:* Offenes Boot ohne Kiel-Ballast im Gegensatz zur Yacht (siehe Abb. 3). Jollenkreuzer: Eingedeckte Jolle mit Kajüte (ohne Kiel-Ballast).

* *Kentern:* Umkippen und dabei voll Wasser laufen.

ausbalanciert sein soll und daß es dem Ruder leicht folgt. Anfänger werden schnell unsicher und verlieren die Freude am Lernen, wenn das Boot ständig *aus dem Ruder läuft** oder übermäßige *Luvgierigkeit** zeigt. Das Verhalten eines Bootes hängt hauptsächlich von der Konstruktion des Bootskörpers und der Anordnung von Mast und Segeln ab. Dies wird in den nächsten beiden Kapiteln erläutert.

Sicherheitsvorrichtungen

Es gibt einige Sicherheitsvorrichtungen, die jedes Boot eines Anfängers haben sollte. Kleine, offene Boote sollten über einen genügend großen *Wellenbrecher* verfügen, um überkommendes Wasser fernzuhalten. Vor allem aber müssen solche Boote über genügend *Auftriebskörper* verfügen. Das Boot soll in gekentertem Zustand noch so hoch schwimmen, daß sich die gesamte Mannschaft leicht daran festhalten oder darauf sitzen kann. Als Auftriebskörper eignen sich feste Abschottungen, aufblasbare Luftkammern aus Plastik oder Schaumstoffkörper, die sicher unter Deck befestigt sein müssen.
Größere, voll eingedeckte Boote sollten über ein *selbstlenzendes* Cockpit verfügen, das heißt über ein wasserdichtes Cockpit, das höher liegt als der Wasserspiegel und das mit Abläufen versehen ist. Diese Anordnung bringt auch den großen Vorteil mit sich, daß das Regenwasser sofort ablaufen kann und somit das Boot in unbenütztem Zustand nicht unbedingt immer gedeckt werden muß.
Obwohl hier nur von Segelbooten die Rede ist, sollte man auch ein Wort sagen über die Explosionsgefahr bei Benzinmotoren. Falls ein Boot über einen Hilfsmotor verfügt, muß man streng darauf achten, daß der Maschinenraum ausreichend belüftet ist. Da die explosionsgefährlichen Gase schwerer sind als Luft, müssen auch die tiefstliegenden Teile der *Bilge** durch die Ventilation erfaßt werden.

Baumaterial

Boote können aus sehr verschiedenen Materialien hergestellt sein. Früher waren beinahe alle Boote aus Holz gebaut. Nur für größere Yachten fand Stahl Verwendung. Später

* *Aus dem Ruder laufen:* Wegdrehen eines Bootes aus dem richtigen Kurs wider Willen des Steuermanns.
* *Luvgierigkeit:* Tendenz eines Bootes, gegen den Wind zu drehen, der ständig mit dem Steuerruder begegnet werden muß.
* *Bilge:* Unterster Teil des Innenraumes eines Bootes, unter den Bodenbrettern.

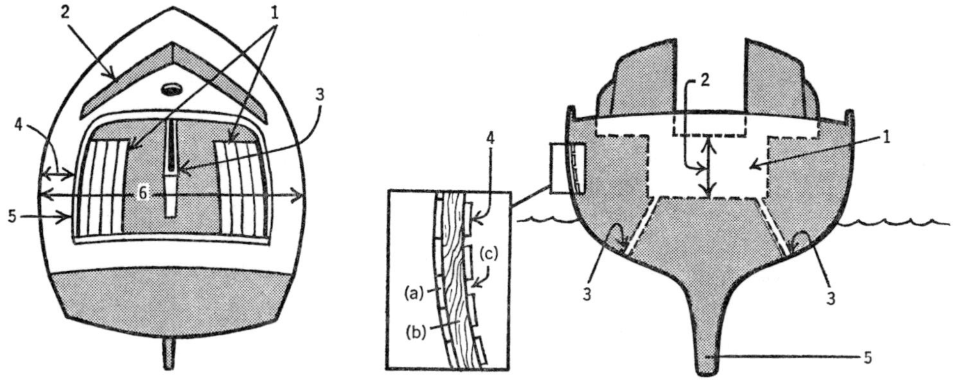

Abb. 3. Sicherheitsvorrichtungen

A Für offene Boote:
1 Auftriebskörper. Unter den Sitzen oder/und im Bug oder im Heck, so daß das Boot im gekenterten Zustand möglichst hoch schwimmt
2 Wellenbrecher, von ausreichender Größe
3 Schwertkasten, so hoch wie möglich, falls oben offen
4 Genügend große seitliche Eindeckung
5 Möglichst hohes Waschbord
6 Genügend große Breite für die Stabilität

B Für Kajütboote:
1 Selbstlenzendes Cockpit, wasserdicht mit Abläufen
2 Niedergang, möglichst hoch über Boden des Cockpits
3 Seeventile, zum Absperren bei Bruch eines Rohres
4 Wegerung bei Holzbooten mit Zwischenräumen zur Entlüftung (a) Planken, (b) Spant, (c) Zwischenraum
5 Genügend Ballast am Kiel für die Stabilität

kamen Sperrholz, formverleimtes Sperrholz, Aluminium und Kunststoff dazu. Jedes Material hat seine Vor- und Nachteile.

Kleine Boote sind heute sehr oft aus Sperrholz gebaut. Sperrholz hat sehr große Festigkeit, muß aber durch Imprägnierungen und Anstriche sorgfältig geschützt werden.

In neuester Zeit ist glasfaserverstärkter Kunststoff zum populärsten Material geworden. Er hat sehr große Festigkeit und ist widerstandsfähig gegen Korrosion. Oft wird behauptet, daß Kunststoffboote keinen Unterhalt benötigen. Dies stimmt aber nur zum

Teil. Erstens müssen auch Kunststoffboote gegen Algenbewuchs geschützt werden; der unter Wasser liegende Teil des Bootes muß mit entsprechenden *Antifouling-Farben* gestrichen werden. Zweitens benötigen auch die über Wasser liegenden Teile nach einer gewissen Zeit Unterhaltsarbeiten. Sie sind vor allem bedingt durch das unvermeidliche Spröderwerden der Oberfläche im Laufe der Jahre. Kunststoffboote müssen mit ausreichenden Versteifungen konstruiert sein, da sie sich sonst im Gebrauch zu stark verziehen können, wodurch die Alterung beschleunigt wird.
Aluminium ist dank seiner Festigkeit, Leichtigkeit und Widerstandsfähigkeit sehr gut als Schiffsbaumaterial geeignet. Ein gewisser Nachteil liegt in der Anfälligkeit für galvanische Korrosion. Der Kontakt des Aluminiums mit anderen Metallen muß sorgfältig vermieden werden, und man darf nur spezielle Anstrichmittel verwenden.
Trotz der Vorteile der anderen Materialien ist Holz aus dem Schiffsbau kaum zu verdrängen. Besonders aus ästhetischen Gründen werden immer noch viele Boote ganz oder teilweise aus Holz gebaut. Der größte Feind des Holzes, die Fäulnis, kann durch geeignete Imprägnierungen und Anstriche sowie durch sorgfältige Pflege und Belüftung fast vollständig eliminiert werden. Vor allem im unbenützten Zustand darf nirgends Wasser liegen bleiben, und es muß für ausreichende Durchlüftung gesorgt werden. Sorgfältig gepflegte Holzboote können ein sehr langes Leben haben. Es gibt über vierzig Jahre alte Holzboote, die in einwandfreiem Zustand sind.

Gebrauchte Boote

Das erste Boot muß nicht unbedingt neu sein. Beim Kauf eines gebrauchten Bootes sollte aber in jedem Fall ein Fachmann beigezogen werden. Nur er kann beurteilen, ob ein Boot entscheidende Mängel aufweist.

3. Der Bootskörper

Begriffe

Um das Verhalten von Booten zu begreifen, sollte sich jeder Segler einige Kenntnisse über Bootsformen und -konstruktionen aneignen. Die grundlegenden Begriffe sind in Abb. 4 dargestellt: Die *Konstruktionswasserlinie* ist die theoretische horizontale Linie rund um das Boot, an der die Wasseroberfläche den Bootskörper trifft. Der *Tiefgang* des Bootes ist die vertikale Distanz von der Konstruktionswasserlinie bis zum untersten Punkt des Kiels. Das *Vorschiff*, der vorderste Teil in Höhe der Wasserlinie, dort, wo der Bug das Wasser teilt, kann *völlig* oder *scharf* sein. Wichtig für die Beurteilung eines Bootes ist auch der *Wasserablauf* am Heck. Das *Freibord* ist die vertikale Distanz von der Konstruktionswasserlinie zur Deckkante. Die *Überhänge* des Bugs und des Hecks bilden die Differenz zwischen der *Länge über alles* und der Länge in der Wasserlinie. Als *Sprung* wird die Kurve des Decks zwischen Bug und Heck bezeichnet.

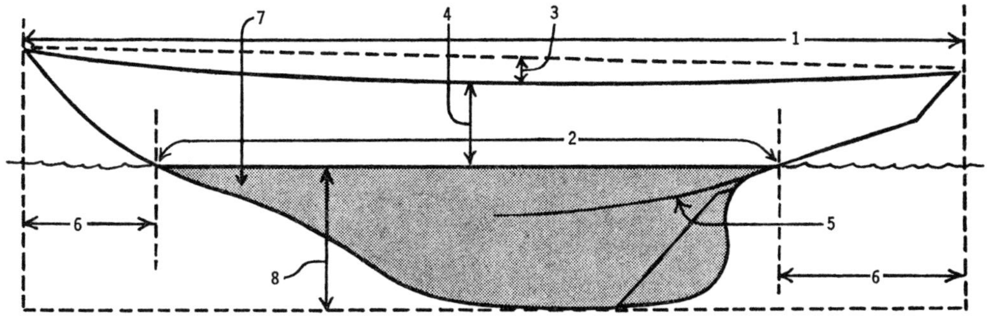

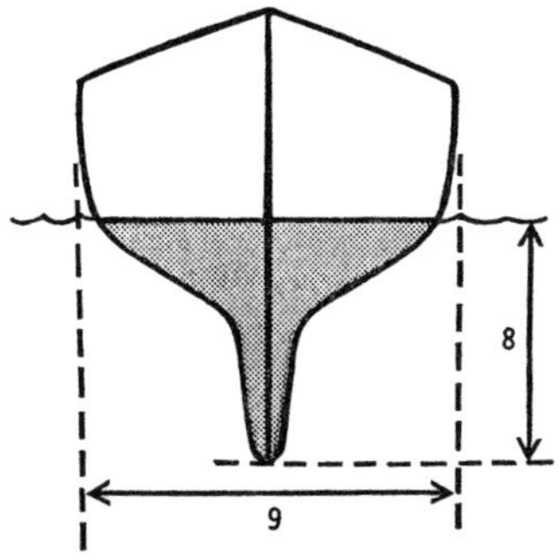

Abb. 4. Der Bootskörper

1 Länge über alles
2 Wasserlinien-Länge
3 Sprung
4 Freibord
5 Wasserablauf
6 Überhänge
7 Vorschiff
8 Tiefgang
9 Breite

Lateralwiderstand

Jeder Bootskörper benötigt in irgendeiner Form seitlichen Widerstand unter Wasser, den *Lateralwiderstand.* Sonst würde das Boot nur seitlich abtreiben, statt Fahrt voraus zu machen. Abb. 5 zeigt verschiedene Methoden, dem seitlichen Wegtreiben, der *Abdrift,* zu begegnen.

A zeigt ein Boot mit *Seitenschwertern,* die an beiden Seiten befestigt sind und auf- und abgedreht werden können. Seitenschwerter werden vor allem in Holland bei verschiedenen Bootstypen verwendet.

B zeigt ein Boot mit einem *Mittelschwert,* einer Platte, welche drehbar befestigt ist und in den *Schwertkasten* ganz hochgeholt werden kann. Dies ist die gebräuchlichste Methode für kleinere Boote.

C zeigt ein Boot mit einem *Steckschwert.* Ähnlich wie bei B wird das Schwert in einem Schwertkasten bewegt, jedoch nur auf und ab. Dies ist eine sehr einfache Anordnung, hat aber zwei entscheidende Nachteile: wenn ein Boot *auf Grund läuft,* wird es abrupt abgebremst und kann eher Schaden erleiden als ein Boot mit der Anordnung wie bei B, wo sich das Schwert einfach wegdrehen kann. Außerdem bildet der obere Teil bei hochgeholtem Schwert eine wesentliche Beeinträchtigung des freien Raumes im Boot.

D zeigt ein sogenanntes *Kielboot.* Eigentlich hat jedes Boot einen Kiel, handelt es sich doch um das konstruktive Rückgrat. Im Fall D ist der Kiel direkt mit dem *Lateralplan** zusammengebaut. Die meisten Kielboote haben unten zur Erhöhung der Stabilität zusätzliches Metallgewicht angehängt. Dieses Gewicht ist in der Regel so bemessen, daß ein Kentern unter keinen Umständen erfolgen kann. Einen weiteren Vorteil bietet diese Bauart damit, daß der Innenraum der Kajüte besser ausgenützt werden kann. Der wesentlichste Nachteil besteht darin, daß diese Boote bei untiefem Wasser nicht verwendet werden können und, einmal auf Grund gelaufen, kaum mehr ohne fremde Hilfe flottgemacht werden können. Außerdem entfällt die Möglichkeit, durch das Verstellen des Schwertes wie bei B die Segeleigenschaften verändern zu können.

E zeigt einen angebolzten Kiel mit den sozusagen gleichen Eigenschaften wie D. Ein solcher Kiel besteht in der Regel vollständig aus Eisen und ist mit dem Bootskörper durch Bolzen verbunden. Boote mit Kielballast sind vor allem zu empfehlen, wenn bei größeren Windstärken weitere Distanzen zu überwinden sind. Außerdem kommt ein

* *Lateralplan:* Fläche, die den Lateralwiderstand erzeugt.

Musik

Wie benehmen sich Leute im H
Musik beantworten vier Küns
Koller (2. v. r.) läßt sich von Mixe
Bar verwöhnen. Jürgen Feinc
flitzen. Für schräge Barmusik

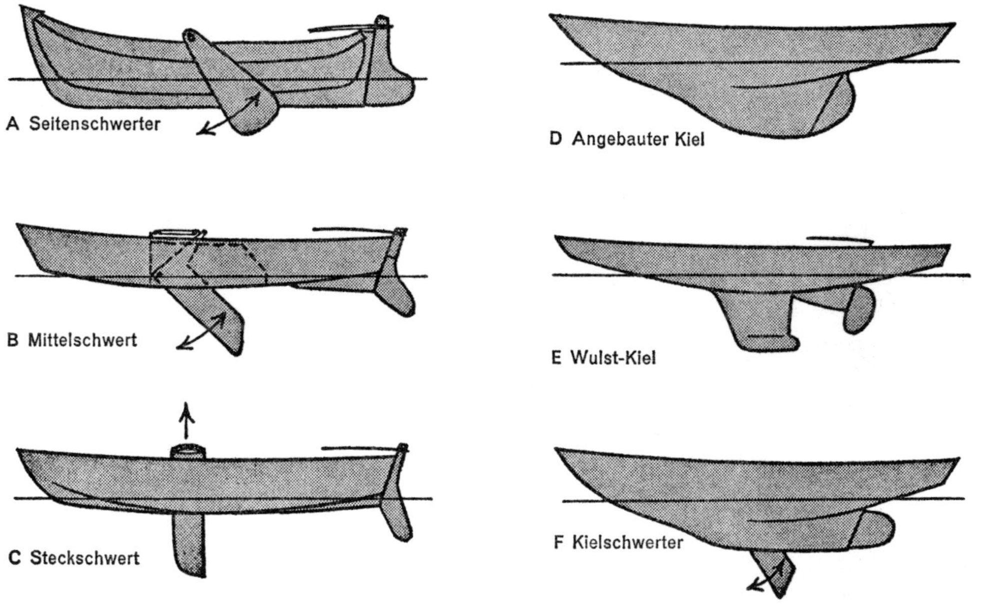

Abb. 5. Lateralplan

großer Vorteil zur Geltung bei Tourenbooten mit wasserempfindlichen Einrichtungen in der Kajüte. Bei solchen Booten soll eine Kenterung mit Sicherheit ausgeschlossen werden. Selbstverständlich kann die nötige Stabilität auch dadurch erreicht werden, daß große Breite des Bootes mit Innenballast kombiniert wird.

F zeigt die Kombination eines Schwertbootes mit einem Kielboot, einen *Kielschwerter*. Hier wird der Innenraum der Kajüte durch das kleine Schwert nicht stark behindert. Das Boot hat relativ wenig Tiefgang, und es verfügt trotzdem beinahe über die Eigenschaften eines Kielbootes.

Bootsform

Bootskörper von Segelbooten haben die mannigfaltigsten Formen. Wie Abb. 6 darstellt, können sie einen flachen, runden, V-förmigen Boden aufweisen oder eine Kombi-

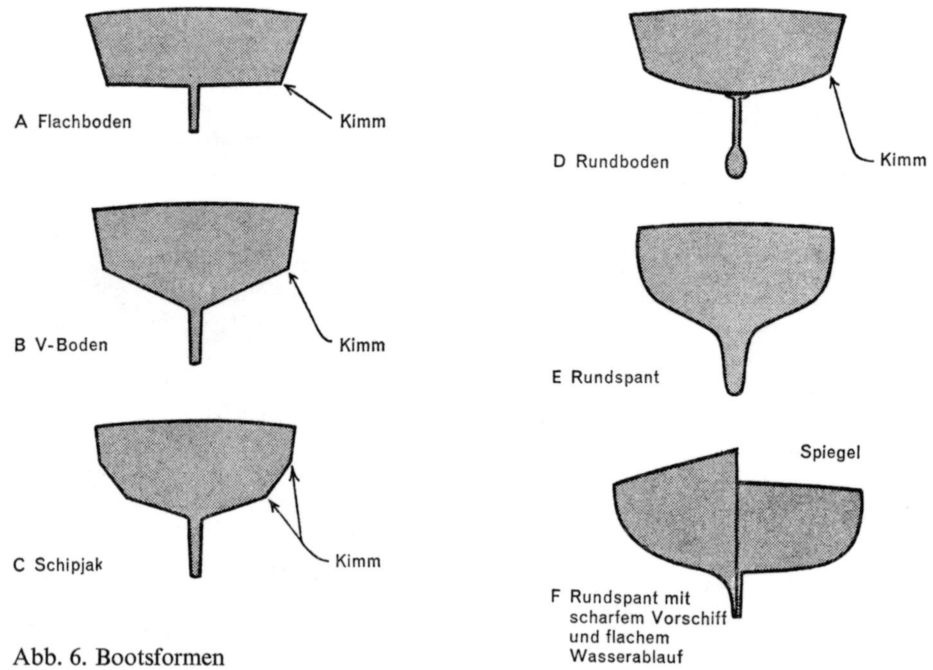

Abb. 6. Bootsformen

nation dieser Formen. Die Form des Bootskörpers bestimmt weitgehend die Segeleigenschaften des Bootes. Sehr flache Böden, die kaum ins Wasser eintauchen, eignen sich für sehr leichte, kleinere Boote. Leicht V-förmige oder runde Böden finden vor allem dort Verwendung, wo besonders gute Gleiteigenschaften angestrebt werden. Beim *Gleiten* wird das Boot aus dem Wasser gehoben, und es reitet dann meist auf einer Welle mit stark vergrößerter Geschwindigkeit. Touren- und Familienboote, bei denen große Sportlichkeit weniger gefordert ist, haben weiter heruntergezogene, vollere Bootskörper, womit mehr Innenraum gewonnen wird. Die *Rundspant*-Konstruktionen* weisen in der Regel im Seegang ein weicheres Verhalten auf.

* *Rundspant:* Siehe Abb. 6, E. Im Gegensatz dazu stehen die sogenannten *Knickspant*-Konstruktionen, Abb. 6, A bis D.

Wenn wir ein Boot von der Seite betrachten, beurteilen wir sein Profil, das heißt den Sprung, die Überhänge, die Bugform und den Wasserablauf am Heck. Der Sprung hat wenig mit den Segeleigenschaften zu tun. Es handelt sich hier vor allem um eine ästhetische Angelegenheit. Viele Boote haben einen ausgesprochenen Sprung, andere sind eher gerade in der Deckslinie, und wieder andere haben einen sogenannten *negativen Sprung*. Jedenfalls sollen Bug und Heck so hoch liegen, daß sich die Wellen bei rauher See nicht darüber brechen.

Viele Regattayachten, vor allem die tief heruntergezogenen Meterklassen, haben lange Überhänge (Abb. 7B). Wenn solche Boote mit großer Lage segeln, verlängert sich die Wasserlinie. Dies ist von Bedeutung, da die maximal erreichbare *Verdrängungsgeschwindigkeit** eines Bootes direkt von der Länge der Wasserlinie abhängt. Die *Grenzgeschwindigkeit** eines Bootes in *Knoten,* das heißt Seemeilen pro Stunde, beträgt ungefähr 1,3mal die Quadratwurzel aus der Länge seiner Wasserlinie. Seekreuzer und Yachten, die vor allem bei hoher See segeln, haben in der Regel sehr kurze Überhänge, um Gewicht zu sparen und das *Stampfen** in den Wellen zu verringern. Ebenso haben alle modernen Gleitjollen sehr kurze Überhänge, da sie ja ihre Hauptgeschwindigkeit durch Gleiten auf den Wellen und somit unabhängig von der Länge der Wasserlinie erreichen.

Ein hohes Freibord bedeutet, daß das Boot in rauhem Wasser trockener segelt. Dies ist sicher eine wünschenswerte Forderung, soll aber aus ästhetischen Gründen nicht übertrieben werden.

Flache, scharfe Bugformen sind charakteristisch für die modernen Regattaboote. Im Gegensatz dazu tendieren Seekreuzer auf vollere Anschnittkanten. Damit büßen sie zwar etwas an Steuerbeweglichkeit ein, schneiden dafür aber die großen Seen wesentlich ruhiger an.

Abb. 7 illustriert vier verschiedene Typen von Booten mit Variation von Sprung, Überhängen und Bugform. 7 A zeigt eine kleine, leichte Gleitjolle mit wenig Tiefgang. Sie hat praktisch keine Überhänge und einen sehr flachen Sprung. 7 B ist eine sogenannte Meteryacht vom Regattatyp mit langen Überhängen, scharfem Vorschiff und mittelstarkem Sprung. 7 C ist ein Seekreuzer mit kurzen Überhängen, vollem Bug

* *Verdrängungsgeschwindigkeit:* Geschwindigkeit unter Voraussetzung von ausschließlich statischem Auftrieb, das heißt ohne Gleiten (Wellenreiten).

* *Grenzgeschwindigkeit:* Maximal erreichbare Verdrängungsgeschwindigkeit eines Bootes.

* *Stampfen:* Auf- und Ab-Bewegung eines Schiffes in den Wellen.

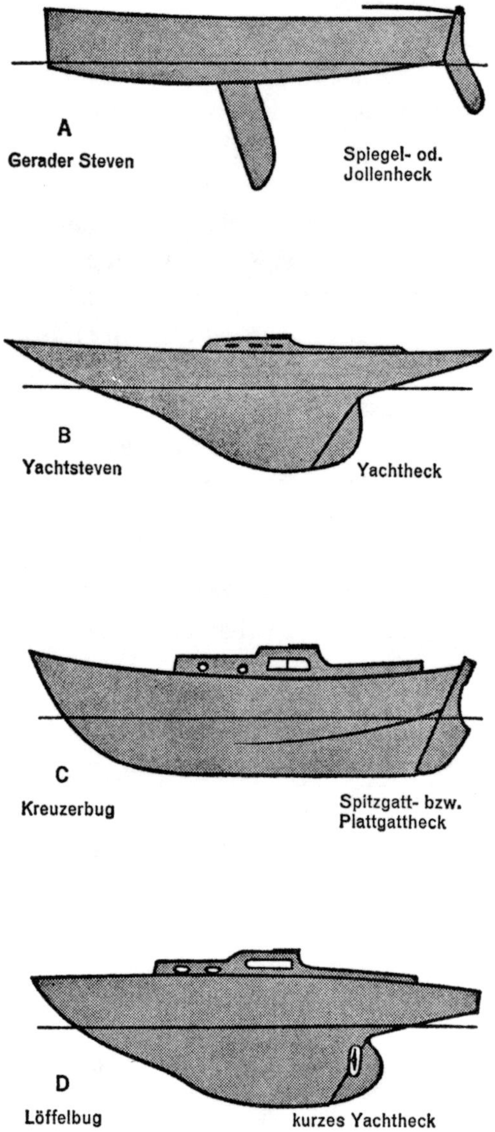

Abb. 7. Boots-Typen

und ausgesprochenem Sprung. 7D ist ein moderner Regattakreuzer mit negativem Sprung und mittleren Überhängen. Maßgebend für die Wahl des Bootstyps ist in erster Linie der vorgesehene Verwendungszweck. In jedem Fall aber ist es zu empfehlen, eine bewährte Klasse, gezeichnet von einem guten Konstrukteur, zu wählen.

Stabilität

Jedermann weiß: Die Kraft des Windes auf die Segel bewirkt, daß sich das Boot zur Seite neigt, oder, richtig ausgedrückt, *krängt* oder *Lage erhält.* Jedes Segelboot muß daher eine ausreichende Stabilität aufweisen, um überhaupt genügend Segel tragen zu können. Das Vorhandensein von ausreichender Stabilität ist aber auch eine Frage der Sicherheit. Jollen sollen nicht zu schnell kentern und Yachten nicht zu schnell vollaufen und sinken können. Zwei hauptsächliche Faktoren sind maßgebend für die Stabilität: die Breite des Bootes und die Größe und Anordnung des Ballastes. Schwertboote haben vor allem große *Formstabilität,* das heißt große Breite, wohingegen Kielboote bedeutende *Gewichtsstabilität* aufweisen bei viel Ballast in möglichst tiefer Lage. Je tiefer der Gewichtsschwerpunkt des Bootes liegt, desto größer ist die Stabilität. Ein durchschnittliches Kielboot trägt mindestens den dritten Teil seines Gewichts als Ballast unten am Kiel. Für die Segeleigenschaften einer Yacht ist es wichtig, ob bereits bei kleinen Krängungswinkeln große Stabilität vorhanden ist oder ob sie erst bei größeren Krängungswinkeln stark ansteigt. Im ersten Fall spricht man von großer *Anfangsstabilität,* im zweiten Fall von großer *Endstabilität.* Regattakreuzer haben mit Vorteil große Anfangsstabilität, damit sie den Geschwindigkeitsverlust durch zu große Krängung vermeiden können. Tourenkreuzer hingegen werden mit großer Endstabilität konstruiert, da sie sich im Seegang und bei Krängung weicher verhalten.

Die meisten modernen Schwertboote haben keinen Ballast, so daß die notwendige Stabilität in erster Linie vom menschlichen Gewicht abhängt. Je größer die Windstärke, desto mehr müssen sich Skipper und Mannschaft gegen die Luvseite bewegen. Um das Gewicht möglichst weit hinausbringen zu können, *auszureiten,* werden am Bootskörper spezielle Gurte angebracht, damit man mit den Füßen einhängen kann. Außerdem verfügen die meisten modernen Jollen über eine *Trapez*einrichtung, die es dem *Vorschotmann** erlaubt, mit Hilfe eines am Mast befestigten Drahtseils sein ganzes Gewicht

* *Vorschotmann:* Mannschaftsmitglied, das die Vorsegel bedient.

außenbords zu verlagern. Damit der Steuermann das Ruder auch beim Ausreiten bedienen kann, sind an der Pinne oft Verlängerungen notwendig. Zum Erlangen der größtmöglichen Geschwindigkeit müssen die meisten Boote ein wenig gekrängt werden. Insbesondere bei leichten Winden fördert dies das Erreichen der bestmöglichen Segelform. *Knickspant-Boote** müssen mindestens so weit gekrängt werden, daß die luvseitige *Kimm** sich gerade außerhalb des Wassers befindet. Keinesfalls aber ist eine zu starke Krängung günstig. Insbesondere bei großen Windstärken muß alles getan werden, daß die Krängung nicht zu stark wird. Denn erstens resultiert aus der ungünstigen Schwimmlage ein großer Geschwindigkeitsverlust, und zweitens entsteht dadurch eine ungünstige Luvgierigkeit, die mit starkem Gegensteuer korrigiert werden muß.

Konstruktion

Die Beschreibung der Bootsformen wäre nicht vollständig, wenn nicht auch über die Bootskonstruktion gesprochen würde. Die Abb. 8 A und B zeigen die Konstruktionsmerkmale einer typischen Holzyacht. Jedes konventionelle Holzboot besteht grundsätzlich aus einem inneren Skelett und einer äußeren Haut. Der wichtigste Teil des Skeletts, das Rückgrat, ist der Kiel. Vorn endet der Kiel im Steven, hinten im *Achtersteven* und im *Spiegel.* Quer zum Kiel liegen die *Spanten,* die mit dem Kiel durch die *Bodenwrangen* verbunden sind. Oben, am Ende der Spanten, läuft in Längsrichtung der *Balkweger.* Das Deck wird getragen durch die querlaufenden *Deckbalken.* Der Mast steht auf einer Verstärkung des Kiels, auf dem *Mastfuß.* Bei vielen Booten ist der Mast aber auch direkt auf dem Deck abgestellt. Den Boden der Kajüte bilden die *Bodenbretter.*

Die Außenhaut eines Bootes kann, wie erwähnt, aus den verschiedensten Materialien hergestellt sein. Wenn sie aber aus Holz *aufgeplankt* ist, geschieht dies insbesondere auf zwei spezielle Arten: in Abb. 8C ist die *Klinkerbauart* gezeigt, bei der sich die einzelnen Planken überlappen. Im Gegensatz dazu liegen bei der *Karweelbauart* (Abb. 8D) die Planken direkt nebeneinander und bilden eine glatte Oberfläche.

* *Knickspant:* Siehe Abb. 6, A bis D.
* *Kimm:* Siehe Abb. 6.

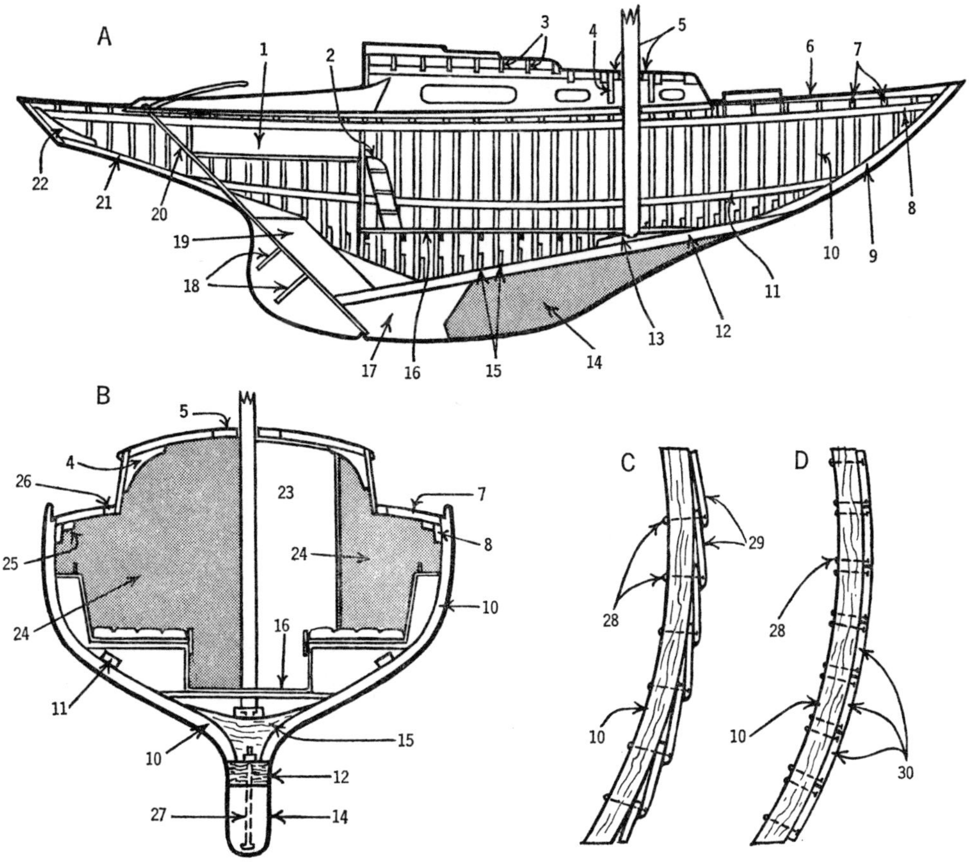

Abb. 8. Yacht-Konstruktion

1 Cockpit	9 Steven	17 Totholz	25 Neben-Balkweger
2 Niedergang (Treppe)	10 Spanten	18 Ruderarm	26 Schlinge
3 Aufbaubalken	11 Stringer	19 Achtersteven	27 Kielbolzen
4 Knie	12 Kiel	20 Ruderschaft	28 Niete
5 Mastpartner	13 Mastfuß	21 Heckbalken	29 Klinkerplanken
6 Reling	14 Kielballast	22 Spiegelknie	30 Karweelplanken
7 Deckbalken	15 Bodenwrangen	23 Durchgang	
8 Balkweger	16 Bodenbretter	24 Schott	

4. Die Takelung

Takelungsarten

Nach dem Bootskörper wenden wir uns nun der *Takelung* zu. Die Takelung jedes Segelbootes, heute oft auch mit dem englischen Ausdruck *Rigg* bezeichnet, besteht immer aus einem oder mehreren Masten, den *Spieren**, der Verstagung aus Drahtseilen oder Drähten (*stehendes Gut* genannt), den Segeln und dem Tauwerk zur Bedienung der Segel (*laufendes Gut* genannt).

Takelungen werden in zwei große Klassen eingeteilt: Die *Rahsegel* und die *Schrattsegel* (Abb. 9). Rahsegel wurden wahrscheinlich bei den ersten Segelbooten verwendet und stellen somit die älteste Takelungsart dar. Die größte Bedeutung hatten die Rahsegel zur Zeit der mächtigen *Klipperschiffe**. Diese Takelungsart ist sehr wirksam bei achterlichem oder räumlichem Wind. Die Spiere, an der das Rahsegel befestigt wird, ist die Rahe. Die Rahe wird mit *Brassen,* das Segel mit *Schoten* geführt. Heute ist diese Segelform beinahe ausgestorben. Der Grund liegt in allererster Linie darin, daß mit einer Rahtakelung nicht hoch am Wind gesegelt und deshalb kaum gegen den Wind angekreuzt werden kann.

Die Schrattsegel sind nicht wie die Rahsegel vor dem Mast, sondern hinter dem Mast oder an einer Spiere hinter dem Mast *angeschlagen.* Sie können also frei hinter dem Mast herumschwingen und werden durch eine *Schot* geführt. Man unterscheidet verschiedene Grundtypen: das *Lateinersegel,* das *Luggersegel,* das *Sprietsegel,* das *Gaffelsegel* und das *Marconisegel,* auch *Hochtakelung* genannt. Lateinersegel werden heute vor allem noch im östlichen Mittelmeer benutzt, während Spriet- und Luggersegel insbesondere für sehr kleine Boote in Frage kommen.

Der weitaus größte Teil der heutigen Segelboote verwendet Gaffel- und vor allem Marconisegel. Das Marconisegel oder die Hochtakelung ist besonders bei allen Regattabooten in Gebrauch, da es auf *Amwindkursen** besser zu trimmen und im allgemeinen leichter zu handhaben ist. Die gebräuchlichsten Takelungstypen sind in Abb. 10 abgebildet. Es sind dies das *Katboot,* die *Sloop,* der *Kutter,* die *Yawl,* die *Ketsch* und der *Schoner.* Das Katboot mit der einfachsten aller Takelungen hat nur ein Segel, oft ein Gaffelsegel. Der

* *Spieren:* Alle Rundhölzer (auch Aluminium) an Bord eines Schiffes, mit Ausnahme des Mastes selbst.

* *Klipper:* Schnelle Handelsschiffe (vor allem für den Teetransport) aus der «großen Zeit» der Segelschiffe.

* *Amwindkurs:* Kurs schräg gegen den Wind (siehe 7. Kapitel).

Abb. 9. Takelungsarten

eine Mast ist in der Regel ganz vorn angeordnet. Das eine Segel wird *Großsegel* genannt. Als einfachste Takelung findet die Kat-Takelung vor allem bei kleinen *Dingis** Anwendung. Für mittlere und große Boote ist sie weniger geeignet, da sich einerseits der Mast schlecht verstagen läßt und anderseits das eine Segel zu groß und unhandlich würde.
Einmastige Takelungen mit Schrattsegeln weisen außerdem die Sloop und der Kutter auf. Wiederum ist das Großsegel als Gaffelsegel oder Hochsegel hinter dem Mast angeschlagen. Dazu kommen nun aber bei der Sloop eines und beim Kutter mehrere *Vorsegel.* Die Vorsegel dieser Form werden auch *Stagsegel* genannt. Beim Kutter ist der Mast in der Regel etwas weiter hinten angeordnet als bei der Sloop, meist ungefähr $^2/_5$ der Wasserlinienlänge achtern. Dementsprechend haben Kutter kleinere Großsegel, dafür aber mehr Vorsegelfläche.
Die Takelungen der Yawl und der Ketsch sind sich sehr ähnlich. Beide haben zwei Masten, vorn einen größeren, den *Großmast,* und hinten einen kleineren, den *Besanmast.* Der Unterschied liegt im Maß des *Besansegels,* das bei der Ketsch wesentlich größer ist als bei der Yawl. In der Regel steht der Besanmast der Ketsch vor dem Platz des Steuermanns, bei der Yawl dahinter. Die Ketsch ist ein richtiger *Zweimaster.* Bei der Yawl spricht man oft von einem *Eineinhalbmaster.* Die Schonertakelung war früher, vor allem in Amerika, für größere Yachten und Schiffe am gebräuchlichsten. Bei Yachten handelt es sich in der Regel um Zweimaster (vgl. Abb. 10). Bei Handels- und Arbeitsschiffen waren bis sieben Masten angeordnet. Der hintere größere Mast heißt der Großmast mit dem Großsegel, der vordere ist der *Vormast* mit dem *Schonersegel.* Der Großmast eines Schoners ist heute in der Regel hochgetakelt, der Vormast gaffelgetakelt. Der Vorteil der Aufteilung der Segelfläche bei der Sloop, dem Kutter, der Yawl, der Ketsch oder dem Schoner liegt vor allem in der Handhabung. Die einzelnen Segel werden damit nicht zu groß und lassen sich noch leicht handhaben. Außerdem läßt sich die gesamte Segelfläche durch Wegnehmen einzelner Segel leicht verkleinern. Beim Katboot kann die Verkleinerung der Segelfläche nur durch *Reffen* des Großsegels erfolgen.
Heute sind die Sloop-, Kutter- und Yawl-Takelungen weitaus am populärsten. Dies ist vor allem dem großen Aufschwung, den das Regattasegeln in den letzten Jahren genommen hat, zu verdanken. Die genannten Takelungen sind vor allem vorteilhaft für den Amwindkurs, für das Kreuzen gegen den Wind. Außerdem besteht im Gegensatz zum

 * *Dingi:* Kleines, wenig eingedecktes, in der Regel von einem Mann bedientes Segelboot.

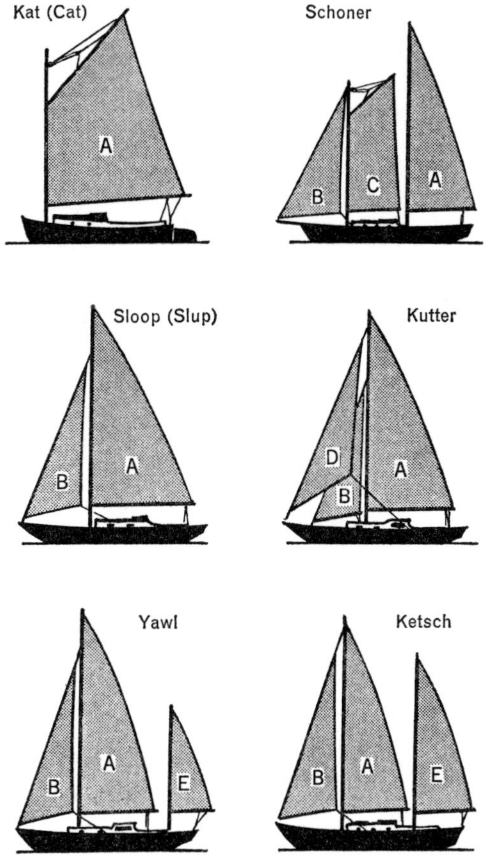

Abb. 10. Takelungen mit Schrattsegeln

A Großsegel
B Fock
C Schonersegel
D Klüver
E Besansegel

Schoner am vorn stehenden Großmast die Möglichkeit, einen großen *Spinnaker** für *Vorwind-* und *Raumkurse** zu setzen. Die Ketsch eignet sich vor allem für große Tourenyachten, da sie ihre Segel, entsprechend den Verhältnissen, am besten zu kombinieren vermag.

* *Spinnaker:* Ballonartiges Vorsegel (siehe 8. Kapitel).
* *Vorwind- und Raumkurs:* Kurse mit Wind von achtern bzw. von der Seite (siehe 8. Kapitel).

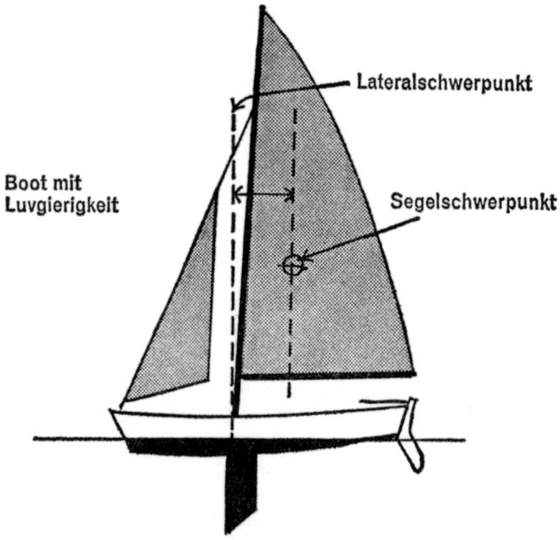

Abhilfe:
1. Möglichst aufrecht segeln
2. Verlege möglichst viel Gewicht nach achtern
3. Hole das Schwert etwas hoch
4. Bewege den Mast nach vorn
5. Nimm die Fock dichter, oder setze größere Fock
6. Verkleinere das Großsegel und/oder mache es flacher

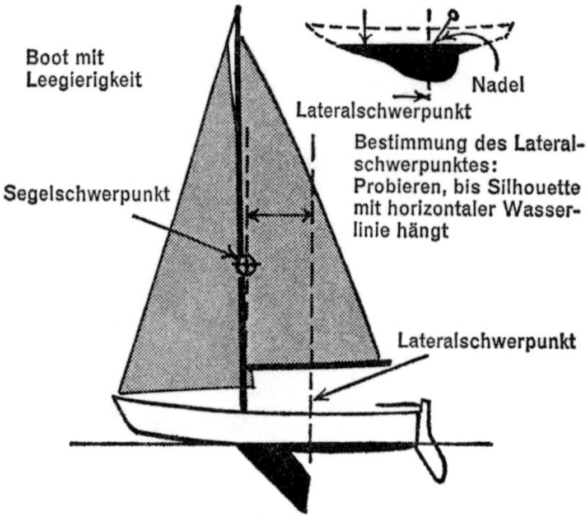

Abhilfe:
1. Stark krängen
2. Verlege möglichst viel Gewicht nach vorn
3. Senke das Schwert maximal
4. Bewege den Mast nach hinten
5. Fiere die Fock etwas, oder setze kleinere Fock
6. Vergrößere das Großsegel und/oder mache es bauchiger

Abb. 11. Gleichgewicht

Gleichgewicht

Damit sich ein Boot leicht steuern läßt, muß ein gewisses Gleichgewicht herrschen zwischen den Kräften, die durch den Wind auf die Segel wirken, und dem Widerstand, den das Wasser auf den Lateralplan des Bootes ausübt. Ist dieses Gleichgewicht gestört, wird das Boot entweder *luvgierig* sein, das heißt, die Tendenz haben, selbst gegen den Wind zu steuern, oder, im Gegenteil, *leegierig* sein, das heißt, selbst vom Wind wegdrehen wollen. Der *Lateralschwerpunkt* ist der geometrische Schwerpunkt der Lateralplanfläche. Dieser Punkt kann leicht gefunden werden, indem man die Silhouette des Unterwasserschiffs aus Karton ausschneidet und mit einer Nadel das Zentrum sucht. Der Segelschwerpunkt ist der geometrische Schwerpunkt der gesamten Segelfläche. Damit ein Boot praktisch im Gleichgewicht segeln kann, muß der Segelschwerpunkt, je nach Art des Bootes, 5 bis 20 Prozent der Wasserlinienlänge vor dem Lateralschwerpunkt liegen.

Jedes gut konstruierte und gut *getrimmte** Segelboot sollte bei mittlerem Wind ganz leicht luvgierig sein. So läßt es sich am leichtesten steuern, und der Steuermann hat die beste Möglichkeit, die Reaktionen des Bootes im Wind und in den Wellen zu spüren. Da aber die Luvgierigkeit bei wachsender Windstärke und zunehmender Lage des Bootes stark anzusteigen pflegt, darf sie bei schwachem bis mittlerem Wind nur ganz leicht in Erscheinung treten.

Abb. 11 zeigt, wie zu schwache oder zu starke Luvgierigkeit korrigiert werden kann. Selbstverständlich können diese Tendenzen durch diese Methoden nur in sehr bescheidenem Maß korrigiert werden. Falls ein Boot sehr stark luvgierig oder leegierig sein sollte, müßte allenfalls der gesamte Segelplan oder der Lateralplan geändert werden. In der Regel sollten aber folgende Maßnahmen zum Erfolg führen: Ändern der Neigung des Mastes, des *Mastfalls,* Ändern der Segelgröße, Verschiebung des inneren oder äußeren Ballasts, Ändern der Schwertstellung. Falls bei großen Windstärken die Segelfläche verkleinert wird, sei es durch Reffen oder durch Wegnehmen einzelner Segel, muß man darauf achten, daß das Gleichgewicht erhalten bleibt. Der Segelschwerpunkt sollte bei starkem Wind ja nur leicht nach vorn verlegt werden, um der Tendenz zu Luvgierigkeit zu begegnen. Abb. 12 zeigt verschiedene Möglichkeiten bei den einzelnen Takelungsarten.

* *Trimmen:* Die Segel entsprechend Kurs- und Windrichtung vorteilhaft einstellen.

Ein typisches kleines Tourenboot für Binnen- und Küstenverhältnisse. Der gut ausgenützte Innenraum beherbergt einige Schlafplätze und alle notwendigen Einrichtungen für das Leben an Bord. ▷

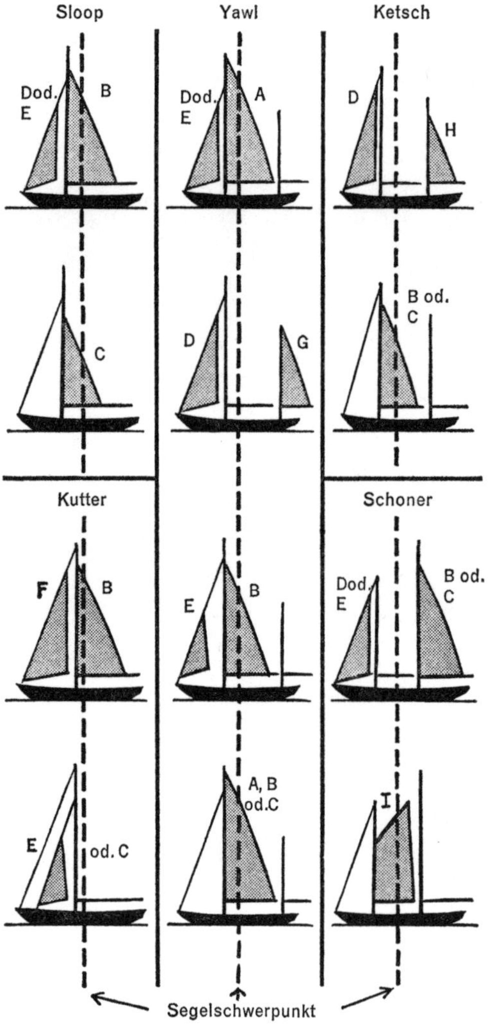

Abb. 12. Gleichgewicht unter gekürzten Segeln

A Volles Großsegel
B Gerefftes Großsegel
C Trysegel, oder stark gerefftes Segel
D Fock
E Sturmfock
F Klüver
G Besansegel
H Gerefftes Besan
I Schonersegel

Z-369

618
G 366
G 375
TSVS
TSVS

◁ Die «Optimist»-Jolle, das ideale Segelboot für Kinder. Aus Sicherheitsgründen schreiben die Klassenvorschriften das Tragen der Schwimmweste auch bei schönem Wetter und ruhigen Verhältnissen vor.

Stehendes und laufendes Gut

Die Gesamtheit der Drahtseile oder Drähte, welche einen Mast verstagen, das heißt festhalten, nennt man das stehende Gut. Heute wird das stehende Gut meist mit Drahtseilen aus rostfreiem Stahl hergestellt.

In Abb. 13 sind zwei verschiedene Arten für die Verstagung einer Sloop dargestellt. Bei A handelt es sich um eine einfache logische Takelung für nicht zu große Boote, die erlaubt, ein bis zum *Masttopp** reichendes Vorsegel sowie ein feststehendes *Achterstag* zu führen. Sloop B zeigt die Takelung, wie sie bei mittleren und größeren Yachten üblich ist. Das Vorstag und damit das normale Vorsegel führen nicht bis zum Topp des Mastes.

* *Masttopp:* Oberes Ende eines Mastes.

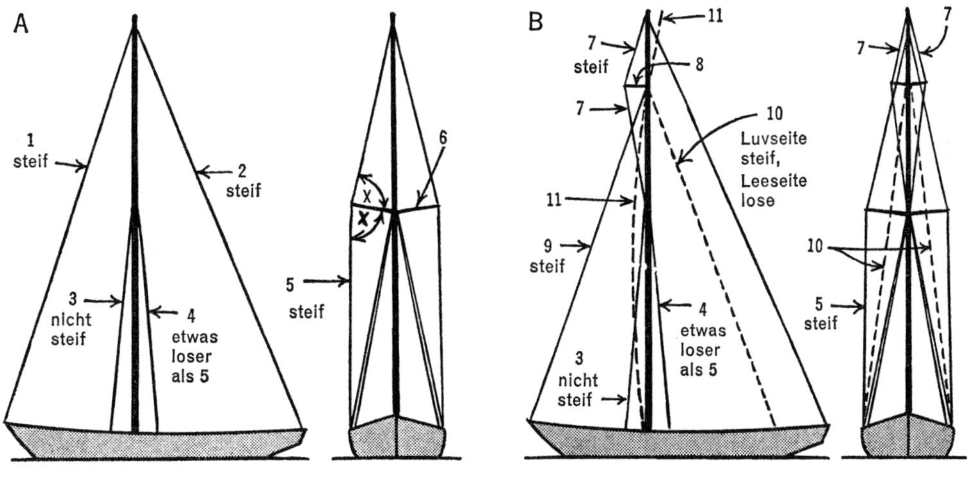

Abb. 13. Stehendes Gut

1 Toppstag
2 Achterstag
3 Vordere Unterwant
4 Achtere Unterwant
5 Oberwant
6 Saling
7 Jumpstag
8 Jumpspreize
9 Vorstag (Fockstag)
10 Backstage
11 Mastkurve, um das Segel bei starkem Wind flacher zu machen

Vor dem Mast wird damit noch ein einfaches oder doppeltes *Jumpstag* erforderlich. Gegen achtern wird der Mast mit dem Achterstag und oft zusätzlich mit *Backstagen* verstagt. Backstage können nicht vollkommen festgesetzt werden, da sie sonst die Bewegung des Segels behindern würden. Wenn ein Boot segelt, ist das Luvbackstag *angeholt* oder *steif gesetzt,* das Leebackstag *gefiert**. Seitlich wird der Mast durch die Wanten gehalten. Im mittleren Teil des Mastes werden die Wanten in der Regel durch ein oder mehrere *Salings* gespreizt.
Die Spannung des stehenden Gutes wird in der Regel mit *Wantenspannern* reguliert. Die Wantenspanner sind unten an den Wanten und an den *Püttingeisen* befestigt, an Metallplatten, die ihrerseits wieder mit dem Bootskörper verbunden sind. Die Wanten und Stage sollten nicht zu steif, aber auch nicht zu lose gesetzt sein. Bei den modernen Re-

* *Fieren:* Lösen.

Abb. 14. Laufendes Gut und Beschläge ▷

A Großfall
B Fockfall
C Großschot
D Vorschot
E Halstalje
F Dirk
G Leitwagen (Traveller)
H Belegklampe
1 Klemmwirkung
I Schraubschäkel
J Curry-Klemme
1 Leitöse (oder Block)
K Verschiebbarer Holepunkt für Fockschot:
1 Schiene, 2 Schlitten, 3 Block mit Wirbel, 4 Stellschraube
L Großbaumbeschlag:
1 Schiene an Mast, 2 Schlitten, 3 Öse für Halstalje, 4 Öse für Fockhals
M Wantenspanner (Spannschraube):
1 Want oder Stag, 2 Bolzen, 3 Splint
N Masttoppbeschlag:
1 Beschlag für Want- und Stag-Befestigung, 2 Großfallrolle
O Winsch:
1 für kleine Boote, 2 mit Kurbel
P Großschotblock an Großbaum

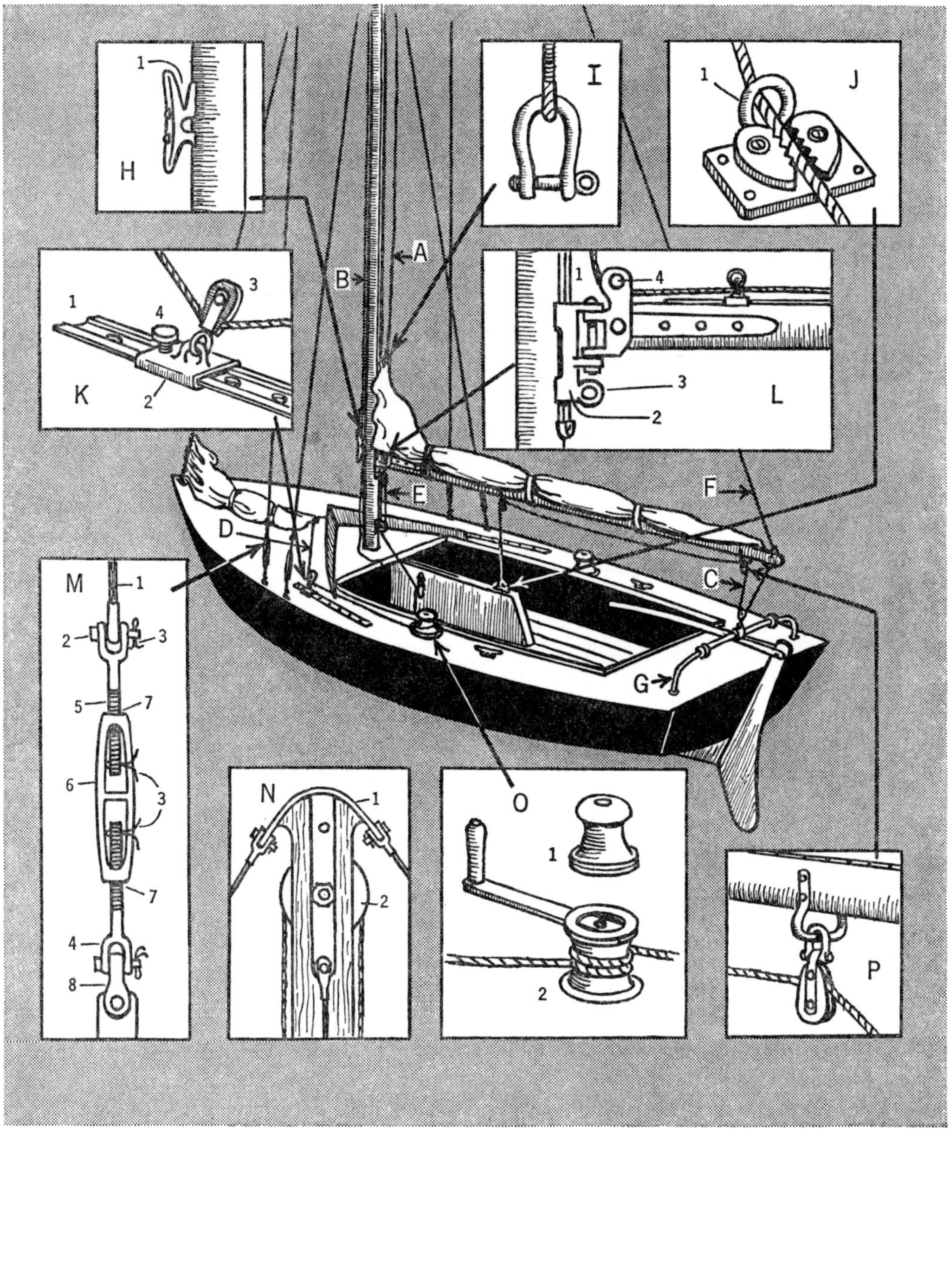

A
B
C
D
E
F
G
H
I
J
K
L
M
N
O
P

gattabooten werden die Wanten und Stage oft sehr steif gesetzt, damit sich das Rigg beim Segeln nicht zu stark deformiert. Dabei besteht aber die Gefahr, daß sich der Bootskörper durch den starken Druck des Mastes und den großen Zug der Wanten und Stage verzieht oder gar Schaden leidet. Normalerweise werden daher die Oberwanten nur so steif gesetzt, daß sie gerade keine Lose aufweisen. Die Unterwanten werden noch etwas loser gesetzt, so daß der Mast unter Belastung seitlich gerade bleibt. Es ist durchaus normal, daß bei großer Belastung des Riggs die Leewanten lose herunterhängen.
Das Vorstag sollte relativ steif gesetzt sein, damit das daran befestigte Vorsegel nicht zu stark durchhängt und so seine vorteilhafte Form verliert. Mit dem oder den Jumpstagen oder mit dem *Toppstag* wird die Biegung des Masts im oberen Teil in Längsrichtung reguliert. Bei entsprechend geschnittenen Segeln kann damit die Wölbung oder der Bauch des Segels reguliert werden. Bei wenig Wind wird der Mast gerader getrimmt und damit das Segel bauchiger. Bei mehr Wind ergibt sich mit zunehmender Krümmung des Masts ein flacheres Segel. Es ist von Vorteil, wenn die Jumpstage oder das Toppstag vom Boot aus auch unter Fahrt reguliert werden können.
Die wichtigsten Teile des laufenden Gutes sind in Abb. 14 dargestellt. Mit den *Fallen* werden die Segel am Mast hochgezogen, seemännisch *gehißt* oder *geheißt*. Mit den Schoten werden sie bedient, das heißt im entsprechenden Winkel zur Bootsachse gehalten. Mit der *Halstalje* wird der Baum beim Mast und mit dem *Niederholer* weiter hinten nach unten gezogen. Am hinteren Ende des Baumes, an der *Baumnock,* ist das *Dirk* befestigt, mit welchem man den Baum achtern hochhissen kann. Das laufende Gut wird an *Klampen* befestigt. Bild H zeigt eine normale *Belegklampe,* Bild J eine *Curry-Klemme.* Bei größeren Booten werden die Schoten mit einer *Winsch* angeholt.

5. Die Segel

Materialien

Noch vor nicht allzu langer Zeit wurden die Segel aus Baumwollstoff hergestellt. Wegen der Nässeempfindlichkeit des Materials ergaben sich gewisse Schwierigkeiten. Die Baumwollsegel wurden aber vollkommen verdrängt durch moderne Materialien wie Dacron, Terylene oder in gewissen Fällen auch Nylon. Kunststoffsegel haben größere Festigkeit und sind weitgehend unempfindlich gegen Feuchtigkeit. Außerdem behalten sie ihre Form bei einigermaßen sorgfältiger Behandlung während sehr langer Zeit bei.
Segel, die auf dem Amwindkurs Verwendung finden, werden heute in der Regel nur noch aus Dacron oder Terylene hergestellt. Groß- und Vorsegel sollen ihre Form möglichst lange wahren. Deshalb ist dieses wenig dehnbare Material von Vorteil. Nylon ist wesentlich elastischer und kann daher nur für die Spinnakersegel verwendet werden. Stoffe für Spinnaker sollen möglichst leicht sein und große Festigkeit aufweisen, die Dehnbarkeit ist weniger wichtig.

Anschlagen der Segel

Abb. 15 zeigt die Segel einer Sloop mit den charakteristischen Details. Sie läßt erkennen, wie die Segel an Mast, Baum und Vorstag angeschlagen werden. Das Vorsegel wird mit *Stagreitern* am Vorstag befestigt. Der unterste Teil des Vorsegels, der *Hals,* wird mit einem *Schäkel* am Boot festgemacht. Oben wird der *Kopf* des Segels an das *Fockfall angeschäkelt.* An der dritten Ecke des Segels, am *Schothorn,* wird die Schot mit einem sogenannten *Patentschäkel* fixiert.
Das Großsegel ist in der Regel an Mast und Baum durchgehend befestigt, entweder mit einer *Reihleine* rund um den Mast oder mit *Rutschern* auf einer Schiene (siehe Abb. 15) oder mit einer durchgehenden *Nut* oder Hohlkehle, durch die das *Liek** des Segels durchläuft, im Mast. Der Kopf des Großsegels ist in der Regel durch ein *Kopfbrett,* an welchem das Großfall angeschäkelt wird, verstärkt. Es empfiehlt sich, hier einen sehr zuverlässigen Schäkel zu verwenden, damit das Segel nicht von selbst herunterkommt. In einem solchen Fall müßte jemand bis zum Topp des Masts hinaufklettern und das Fall wieder herunterziehen. Beim Setzen eines Segels mit Rutschern müssen diese der Reihe nach in die Schiene eingefahren werden. Damit sie nicht wieder nach unten herausfallen, ist unten eine Arretierung angebracht. Der Hals des Segels wird am Großbaumbeschlag

* *Liek:* Die Kanten eines Segels, Vor- und Fußliek, meist durch ein sogenanntes Liektau verstärkt.

angeschäkelt. Am Baum wird das Segel in der Regel in gleicher Weise befestigt wie am Mast, das Schothorn wird am *Fußliekstrecker* angeschäkelt. Bild H zeigt diese Vorrichtung, die gestattet, die Spannung des *Fußlieks* zu regulieren.
Selbstverständlich ist das Anschlagen eines Gaffelsegels komplizierter. Aus diesem Grund werden die Segel auf solchen Booten während einer ganzen Saison nicht mehr von den Spieren gelöst, sondern nach dem Segeln nur sauber auf dem Großbaum *festgezurrt* und mit einer speziellen *Persenning** geschützt. Gaffelsegel benötigen zwei Falle, das *Klaufall* und das *Piekfall.*

Schnitt und Form

Die Segel werden in der Regel so geschnitten, daß die Stoffbahnen quer zu den freien Lieken laufen, ein Großsegel also quer zum *Achterliek*, die Vorsegel quer zum Achterliek und zum Fußliek. Diese Art ist in Abb. 15 skizziert. Das *Achterliek* vieler Segel ist nach außen gekrümmt und muß daher mit *Latten* versteift werden. Dadurch wird bei gleicher

* *Persenning:* Schutzüberzug aus wasserdichtem Stoff, über Großbaum mit Segel oder über das ganze Boot.

Abb. 15. Die Segel einer Sloop ▷

A Großsegel (Marconi)
- 1 Kopf
- 2 Kopfbrett
- 3 Fußliek
- 4 Vor- oder Mastliek
- 5 Achterliek
- 6 Schothorn
- 7 Hals
- 8 Nähte
- 9 Überrundung
- 10 Saum
- 11 Segeltuchbahnen

B Fock
- 1 Diagonalnaht
- 2 Diagonalnaht bildet ungefähr die Winkelhalbierende
- 3 Halsverstärkung

C Mastschiene
- 1 Schiene
- 2 Rutscher
- 3 Gatchen
- 4 Mast
- 5 Liektau

D Segellatten
- 1 Lattentasche mit Bändseln
- 2 Patenttasche
- 3 Naht, die das Herausrutschen der Latte verhindert

E Stagreiter
- 1, 2 Stagreiter
- 3 Vorstag
- 4 Fock
- 5 Gatchen

F Arretierung
damit die Rutscher nicht ungewollt unten aus der Mastschiene herausrutschen

G Fockschotschäkel
- 1 Patentschäkel
- 2 «Brummel»-Haken
- 3 Sicherungsbändsel

H Fußliekstrecker
- 1 Schlitten
- 2 Umlenkrolle
- 3 Bolzen für Schothorn

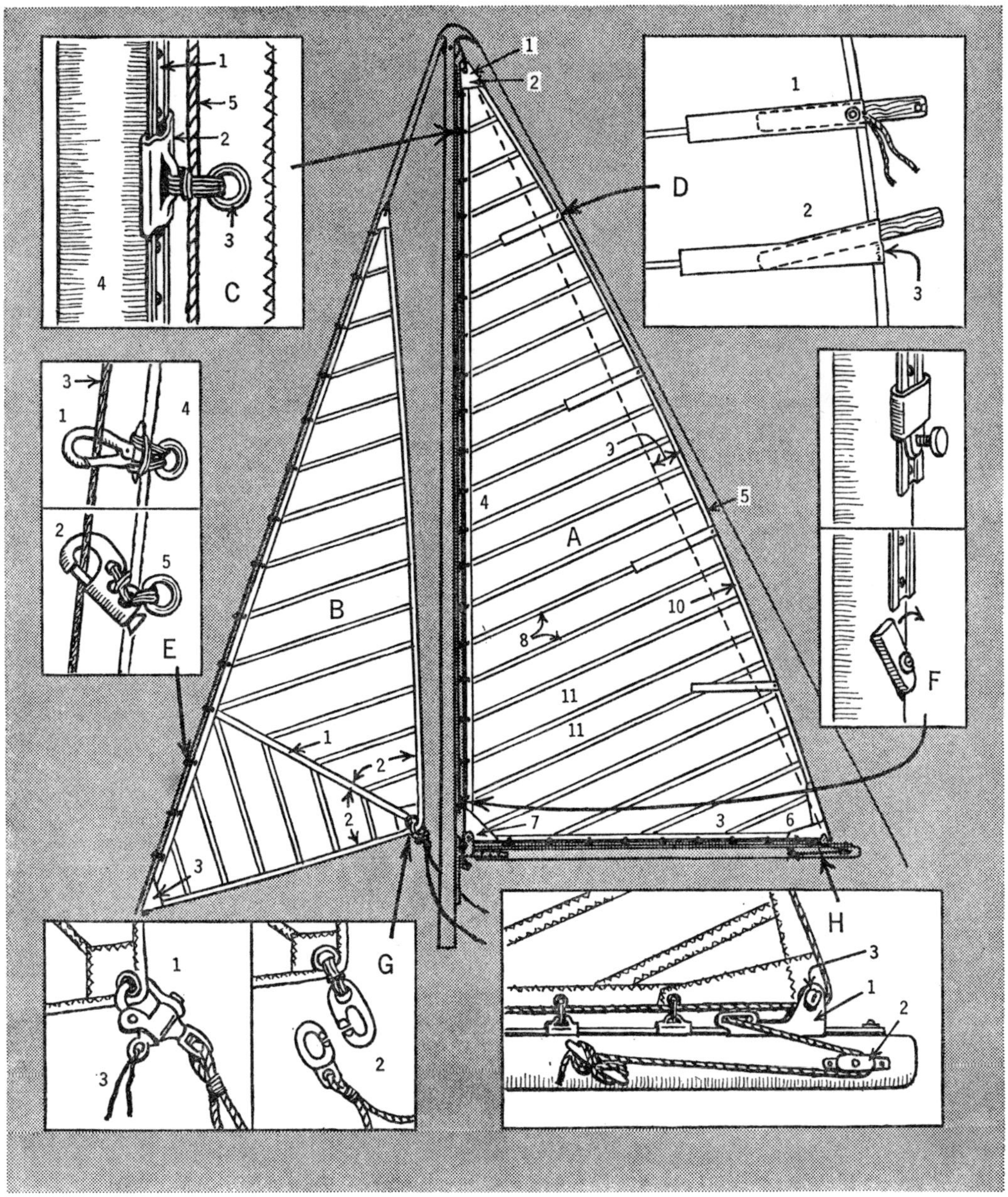
1
2
1
5
2
3
4
C
D
1
2
3
3
1
4
2
5
E
F
9
5
4
A
B
10
8
11
11
1
2
2
2
3
7
3
6
H
G
1
3
2
3
1
2

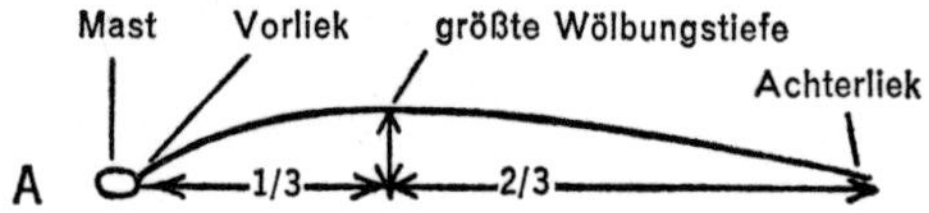

A Mittlere Wölbung (Bauch) des Segels mit größter Wölbungstiefe $^1/_3$ vorn.
Gut – für mittlere Windverhältnisse, hauptsächlich für die Kat-Takelung

B Relativ großer Bauch, eher in der Mitte als vorn.
Gut – bei leichten bis mittleren Winden auf allen Kursen, vor allem für die Sloop-Takelung

C Relativ flache Wölbung.
Gut – bei starkem Wind, vor allem auf dem Amwindkurs

D Bauch hinter dem Mast.
Schlecht – vor allem bei Sloop-Takelung. Halstalje fieren und Fußliekstrecker anholen

E Bauch in Nähe des Achterliekes.
Schlecht – bei allen Verhältnissen. Halstalje stark anholen

F Achterlich zu lose.
Schlecht – speziell bei leichten bis mittleren Winden und raumschots

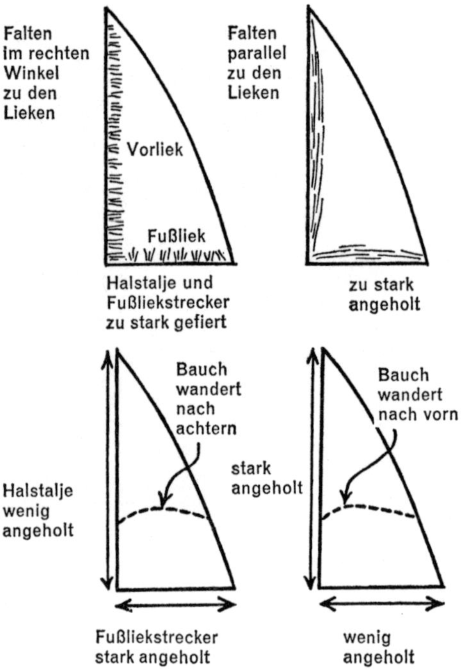

Abb. 16. Regulierung der Segel-Wölbung (Bauch)

Mast- und Baumlänge mehr Segelfläche gewonnen. Diese Latten werden in *Lattentaschen* eingeschoben und festgebunden oder bei Patenttaschen nur hineingesteckt. Es ist wichtig, daß die Enden der Latten gut ausgerundet sind und keine scharfen Kanten aufweisen. Sonst werden die Lattentaschen oder die Segel rasch *durchgescheuert*. Latten sollen weder zu kurz noch zu lang sein, da sie sonst am Ende der Lattentasche Falten erzeugen. Abb. 16 zeigt, wie durch Regulierung der Spannung in *Mastliek* und *Baumliek* die Form eines Großsegels verändert werden kann. Damit die ideale Krümmung des Segels wie bei B erreicht wird, soll die Spannung der Lieken weder zu stark noch zu schwach sein. Falls das Mastliek zu stark gespannt wird, wandert der Bauch des Segels nach vorn wie bei D. Wenn der Bauch zu weit hinten liegt wie bei F, muß das Mastliek mehr gespannt werden.

Behandlung der Segel

Jeder erfahrene Segler weiß, daß die Segel den wichtigsten Bestandteil des Bootes darstellen. Die Segel sind in erster Linie verantwortlich für Geschwindigkeit und Manövrierbarkeit eines Bootes. Segel sollen daher sorgfältig und mit Sachkenntnis behandelt werden. Niemals dürfen die Lieken stärker gestreckt werden als unbedingt notwendig, das heißt nur so viel, daß gerade keine Querfalten mehr sichtbar sind. Segel, die speziell für leichten Wind geschnitten sind, sollten, wenn möglich, nicht bei großen Windstärken Verwendung finden.

Besondere Vorsicht ist geboten, wenn Segel naß geworden sind, bei Baumwollsegeln selbstverständlich in weit größerem Maß als bei Kunststoffsegeln. Nasse Baumwollsegel dürfen keinesfalls stark gestreckt werden. Auch verbieten sie ein Segeln bei großen Windstärken.

Nach dem Segeln sollten die Segel in der Regel zusammengefaltet und, wenn möglich, trocken in den Segelsäcken verstaut werden. Abb. 17 zeigt, wie ein Segel dem Großbaum entlang und parallel zu den Latten *aufgetucht* wird. Mit *Bändseln* wird es am Großbaum festgezurrt und schließlich mit der Segelpersenning geschützt. Es muß dafür gesorgt sein, daß die Segel unter der Persenning genügend gelüftet werden. Auch muß man darauf achten, daß solche Persenninge am Mast mit einem *Mastkragen* gut befestigt sind, so daß kein oder nur wenig Wasser oben eindringen kann.

Wenn man Segel längere Zeit aufbewahrt, sollten sie absolut trocken sein. Segel können auch gewaschen werden, aber selbstverständlich nicht in Waschmaschinen und nur mit

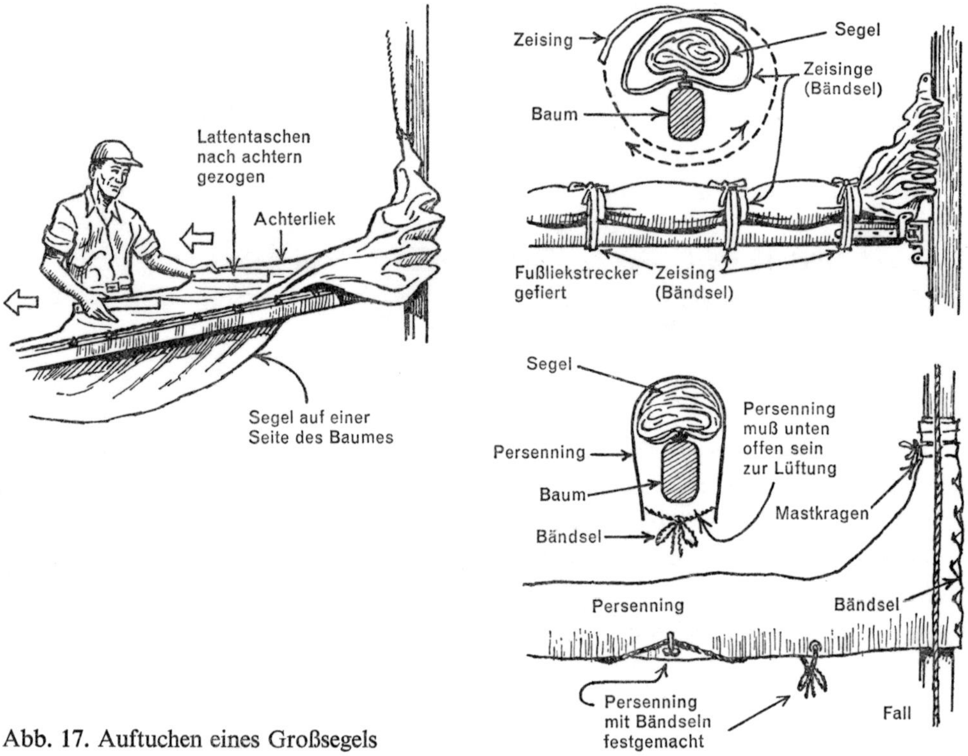

Abb. 17. Auftuchen eines Großsegels

milden Waschmitteln. Schäden an Segeln sollten so schnell wie möglich mit Klebband gesichert und dann durch einen Segelmacher einwandfrei ausgebessert werden. Die hauptsächlichste Ursache für Risse in den Segeln sind vorstehende scharfe Kanten und Splinten an der Takelung, die unbedingt sorgfältig beseitigt oder mit Klebband überdeckt werden müssen.

6. Die Theorie des Segelns

Ein Boot zu segeln, ist mehr eine Kunst als eine Wissenschaft. Und deshalb kann das Segeln wirklich nur durch praktische Erfahrung erlernt werden. Trotzdem ist ein gewisses Maß an Theorie über das Segeln für jeden Anfänger von großer Wichtigkeit. Bevor man zum erstenmal ein Boot wirklich steuert, sollte man über die folgenden grundlegenden Kenntnisse verfügen: Bestimmung der Windrichtung, Segelstellung, Kurse in bezug auf die Windrichtung, Segelmanöver, Grundbegriffe der Aerodynamik (wie der Wind ein Boot vorantreibt) und Trimmen der Segel.

Windrichtung

Zu Beginn muß man lernen, stets, das heißt gewissermaßen auch im Unterbewußtsein, zu wissen, aus welcher Richtung der Wind weht. Dies ist von grundlegender Wichtigkeit, da von der Windrichtung abhängt, wohin ein Boot überhaupt segeln kann und wie die Segel getrimmt werden müssen. Es gibt verschiedene Hilfsmittel, die Windrichtung zu erkennen.

Boote, die an einer Boje belegt oder vor Anker liegen, drehen sich automatisch in die Windrichtung.

Selbstverständlich bewegen sich auch Rauch oder Flaggen in Windrichtung. Auf dem Wasser kann man die Windrichtung ebenfalls feststellen. Die Wellen stehen oft genau senkrecht zur Windrichtung und bewegen sich in Windrichtung. Auf dem Boot erkennt man die Windrichtung am *Stander,* das heißt, an einer auf dem Topp des Mastes angebrachten kleinen Flagge oder an den sogenannten *Spionen,* Bändern oder Fäden, die an den Wanten befestigt sind. Mit der Zeit lernt man die Windrichtung auch mit dem eigenen Körper erkennen oder, falls dies bei ganz leichtem Wind notwendig sein sollte, durch Emporheben des benetzten Zeigefingers.

Kurse in bezug auf die Windrichtung

Es gibt drei grundlegende Kurse in bezug auf die Windrichtung: den *Vorwindkurs,* den *Raumschotkurs* und den *Amwindkurs.* Sie sind dargestellt in Abb. 19. Der Vorwindkurs ist jener Kurs, bei dem der Wind genau von achtern weht. Beim Raumschotkurs fällt der Wind von der Seite ein. Man unterscheidet drei Arten: den eigentlichen Raumkurs oder stark räumlichen Kurs, den *Halbwindkurs* und den hart räumlichen Kurs. Beim Amwindkurs erreicht man den kleinsten Winkel gegen die Windrichtung, auch *Kreuzkurs* oder «*Hoch-am-Wind*» genannt. Ein Boot kann nicht genau gegen den Wind segeln. Die

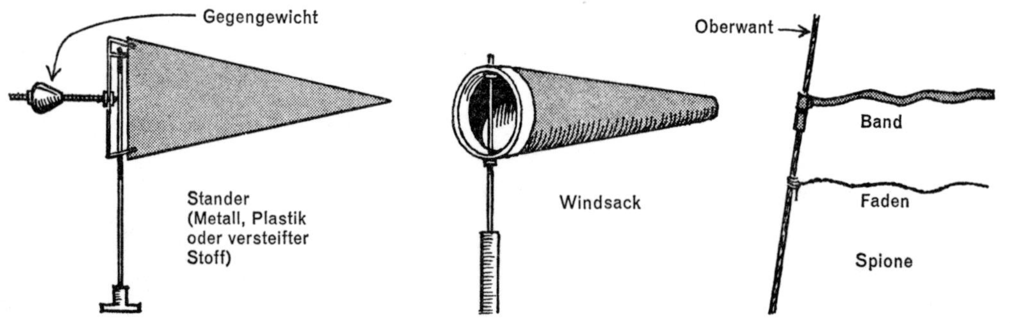

Abb. 18. Windrichtung

Segel würden nur *killen,* das heißt kraftlos im Wind flattern, und das Boot würde niemals Fahrt voraus machen. Ein Boot, das so genau im Wind steht, bewegt sich nach kurzer Zeit rückwärts: es macht Fahrt über den Achtersteven, dreht sich dann, den Winkel zum Wind vergrößernd, nach Steuerbord oder nach Backbord, mit anderen Worten, das Boot *fällt ab.* Wenn dieser Winkel groß genug ist, füllt der Wind die Segel, so daß sie nicht mehr killen, und das Boot beginnt Fahrt voraus zu machen.

In Abb. 19 sind die richtigen Segelstellungen für die Hauptkursrichtungen dargestellt. Beim Vorwindkurs ist das Großsegel so weit wie möglich ausgefiert, daß es beinahe die Leewanten berührt. Die vorwärtstreibende Kraft wird hauptsächlich durch den direkten Widerstand, den das voll ausgebreitete Segel dem Wind entgegenstellt, erreicht. Das Vorsegel hängt kraftlos herunter, da es sich im Windschatten des Großsegels befindet. Damit es auch zur Wirkung käme, müßte es mit Hilfe eines *Spinnakerbaums* gegen die Luvseite ausgespreizt werden.

Beim Raumkurs werden die Segel vom Wind umströmt. Der Wind wirkt nicht nur durch seinen Druck auf die Luvseite der Segel, sondern auch durch den *Sog,* der beim Umströmen an der Leeseite des Segels entsteht. Beim stark räumlichen Kurs sind die Schoten beinahe so lose getrimmt wie beim Vorwindkurs, beim Halbwindkurs etwas dichter und beim hart räumlichen Kurs beinahe so dicht wie beim Amwindkurs. Je höher ein Boot segelt, desto mehr macht sich der durch die Vorwärtsbewegung bedingte Gegen-

Abb. 19. Kursbezeichnung

wind bemerkbar. Der sogenannte *scheinbare Wind,* das heißt die Windrichtung, die auf dem sich bewegenden Boot festgestellt wird, setzt sich aus dem wahren Wind und dem *Fahrtwind* zusammen, wie es in Abb. 20 dargestellt ist. Genauso wie sich bei einem fahrenden Auto ein Gegenwind erhebt, der leicht mit der Hand festgestellt werden kann, entsteht bei einem sich bewegenden Segelboot der sogenannte Fahrtwind. Seine Stärke entspricht der Geschwindigkeit des Bootes. Zusammen mit dem wahren Wind, dem Wind, der tatsächlich über das Wasser weht, entsteht dann der scheinbare Wind, der Wind, der auf dem Boot wahrgenommen wird.

Auf dem Amwindkurs kann ein Boot mit einem modernen Rigg ungefähr 40 bis 45° gegen den Wind segeln. Ein Boot, das ein Ziel erreichen möchte, das genau im Wind liegt, muß demnach einen Kreuzkurs, einen Zickzackkurs, segeln. Es muß mit verschiedenen *Schlägen* einmal auf *Steuerbordbug,* das andere Mal auf *Backbordbug* dem Ziel entgegensegeln. Wenn der Wind von der Backbordseite her weht, segelt das Boot auf dem Steuerbordbug oder Steuerbordschlag und umgekehrt auf dem Backbordbug oder Backbordschlag, wenn der Wind von der Steuerbordseite her einfällt. Um vorteilhaft gegen den Wind ankreuzen zu können, muß ein Boot auf beiden Bugen so hoch wie möglich anliegen, das heißt mit einem möglichst kleinen Winkel gegen die Windrichtung, aber nicht höher, als daß die dichtgeholten Segel noch gut vollstehen und das Boot gut Fahrt voraus macht.

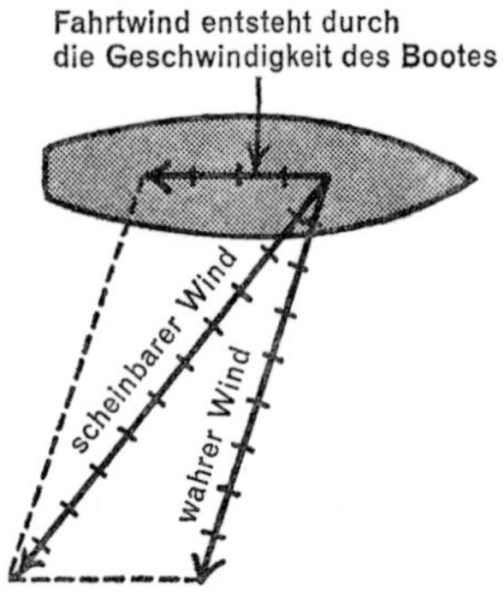

Abb. 20. Scheinbarer Wind

Wenn der wahre Wind 9 m/sek beträgt
und die Geschwindigkeit des Bootes 4 m/sek,
so ergibt sich der scheinbare Wind mit 11 m/sek

Wenden und Halsen

In Abb. 21 und 22 sind die beiden wichtigsten Segelmanöver, das *Wenden* und das *Halsen,* dargestellt. Bei beiden Manövern handelt es sich um einen Kurswechsel, der das Wechseln der Segel von der einen nach der andern Seite bedingt. Beim Wenden wird das Boot so gedreht, daß der Wind einmal genau von vorn kommt und die Segel demnach während des Manövers eine gewisse Zeit killen, bis sie sich auf der andern Seite wieder neu füllen. Wenden ist also das Manöver, das hauptsächlich auf dem Kreuzkurs vorkommt, beim Wechseln von einem Schlag auf den andern.

Beim Halsen wird das Boot so gedreht, daß in der Mitte des Manövers der Wind einmal genau von achtern weht. Das Segel wird vor dem Manöver stark ausgefiert und dann beim Manöver auf die andere Seite herumgeschwungen. In den beiden folgenden Kapiteln wird über die Segelmanöver und die Kursrichtungen gesprochen werden.

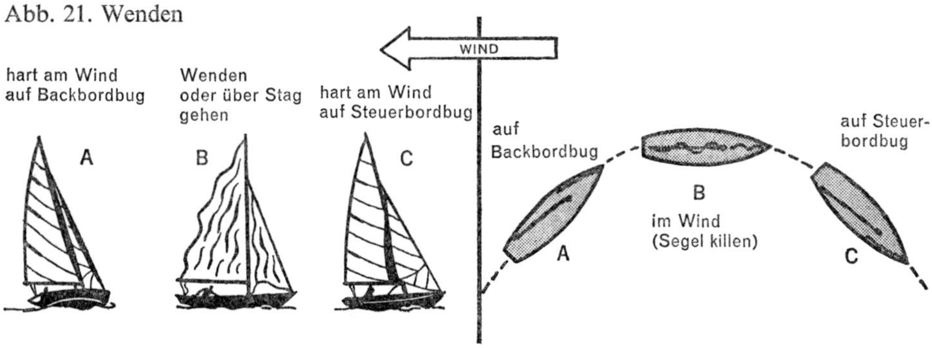

Abb. 21. Wenden

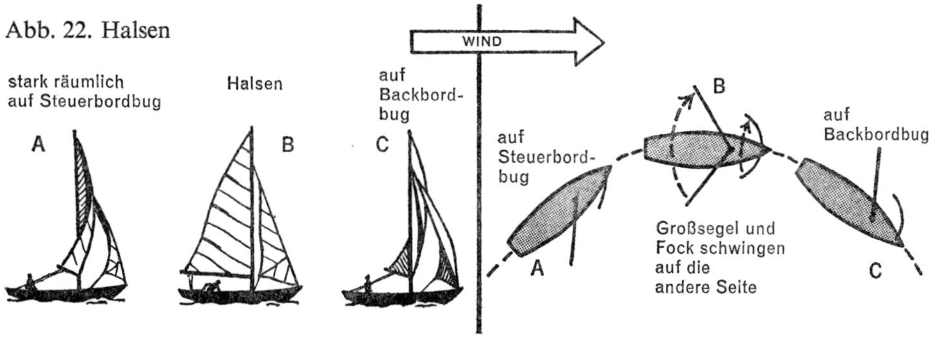

Abb. 22. Halsen

Ein seetüchtiger Touren-Kreuzer in Kunststoff-Bauweise. Gut erkennbar sind die notwendigen Sicherheitseinrichtungen: Der Bugkorb und die durchgehende hohe Reling, das Waschbord rund um das selbstlenzende Cockpit und der Rettungskörper griffbereit an der Reling. ▷

Aerodynamische Grundbegriffe

Es ist leicht verständlich, warum ein Boot auf dem Vorwindkurs vom Wind fortbewegt wird. Es wirkt einfach die Kraft, die der Wind auf das ihm entgegengestellte Segel ausübt. Weniger leicht verständlich ist, warum ein Boot auch seitlich zur Windrichtung oder, wie beim Amwindkurs, schräg gegen den Wind segeln kann. Erst in neuerer Zeit sind diese Zusammenhänge wirklich richtig erkannt worden. Die aerodynamischen Gegebenheiten sind gleich oder ähnlich wie beim Flügel eines Flugzeuges oder eines Vogels. Der hauptsächlichste Unterschied besteht jedoch darin, daß es sich beim Flugzeugflügel um einen festen Körper handelt, wogegen die Segel von Segelbooten aus beinahe unversteiftem Stoff bestehen. Gemeinsam ist aber der Mechanismus der Kraftentwicklung, das Ausüben des Drucks auf die Luvseite des Segels oder die Unterseite des Flugzeugflügels und die Bildung von Unterdruck oder Sog auf der Leeseite des Segels oder der Oberseite des Flugzeugflügels. Beim Segelboot bewirken diese Kräfte aber auch ein seitliches Wegtreiben, was durch die Lateralfläche mit dem Kiel oder dem Schwert verhindert wird, so daß nur eine Vorwärtsbewegung resultiert. In Abb. 23 wird dieses Prinzip erklärt. Die Kräfte, die auf ein Segelboot wirken, werden dabei verglichen mit jenen, die auf ein Kind wirken, das sich auf einer Rutschbahn bewegt.
Die Wirkung der Sogkraft oder des Unterdrucks auf der Leeseite des Segels erklärt sich

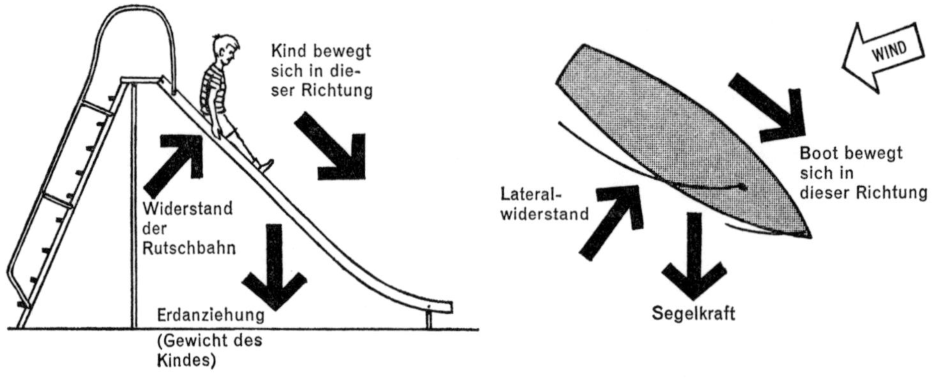

Abb. 23. Kräftespiel beim Amwindsegeln

PEGASUS II

◁ Auf vielen modernen Regatta-Jollen wird zur Erhöhung der Stabilität auf Amwind- und Raumschotkursen ein «Trapez» verwendet. Diese Einrichtung gestattet es dem Vorschotmann, sein ganzes Gewicht weit nach außen gegen luv zu verlegen.

durch ein physikalisches Grundgesetz, das Bernoullische Prinzip. Nach diesem Gesetz ist in einer Strömung der Druck dort hoch, wo die Geschwindigkeit gering ist, und der Druck dort tiefer, wo die Geschwindigkeit größer ist. Der Wind, der auf ein richtig getrimmtes Segel zukommt, fließt vom vorderen Teil des Segels, der *Anschnittkante,* durch die Krümmung des Segels umgelenkt, zum hinteren Ende. Der Wind fließt sowohl an der Luvseite als auch an der Leeseite des Segels entlang, an der Leeseite mit größerer Geschwindigkeit, da der Weg länger ist (vgl. Abb. 24). Durch diese Vergrößerung der Geschwindigkeit entsteht der Unterdruck und damit der Sog an der Leeseite des Segels. So wird auch klar, daß die Anordnung eines Vorsegels nicht nur zusätzliche Segelfläche bedeutet, sondern daß es, wenn richtig getrimmt, einen günstigen Einfluß auf die Strömung an der Leeseite des Großsegels ausübt. Nach dem Prinzip von Venturi wird die Geschwindigkeit einer Strömung in einem Rohr dort erhöht, wo das Rohr eine Verengung aufweist. Abb. 25 zeigt ein einfaches physikalisches Experiment, welches das Prinzip von Bernoulli und jenes von Venturi veranschaulicht. Wasser wird durch ein Rohr gepumpt, das in der Mitte eine Verengung aufweist. Vor der Verengung, bei A, bei der Verengung, bei B, und nach der Verengung, bei C, wird der Druck gemessen. Nach dem

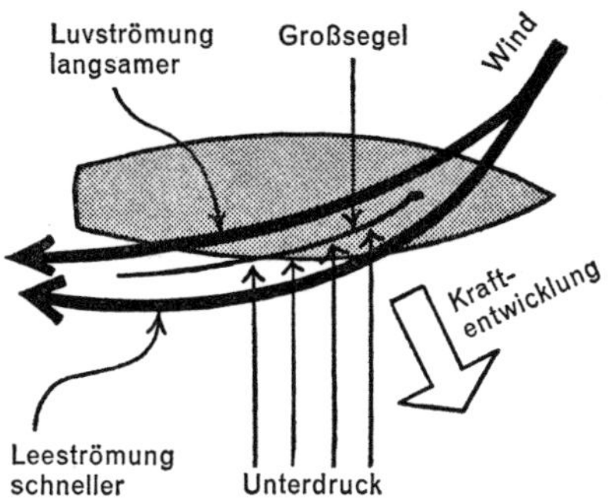

Abb. 24. Sog an der Leeseite

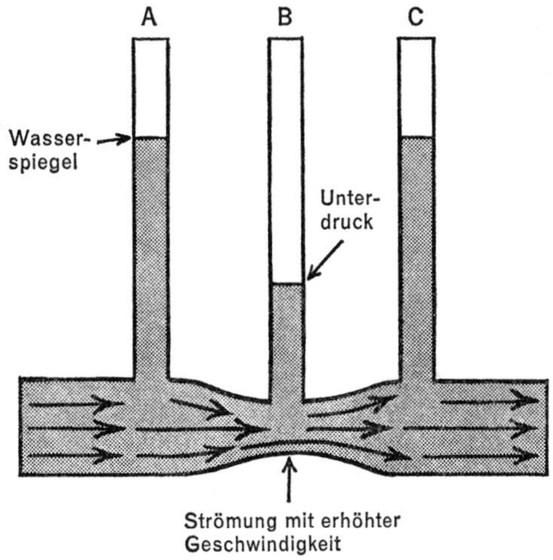

Abb. 25. Prinzip von Bernoulli

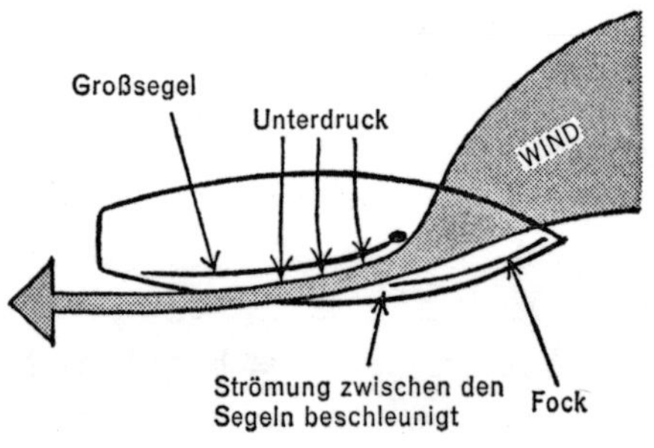

Abb. 26. Venturi-Effekt

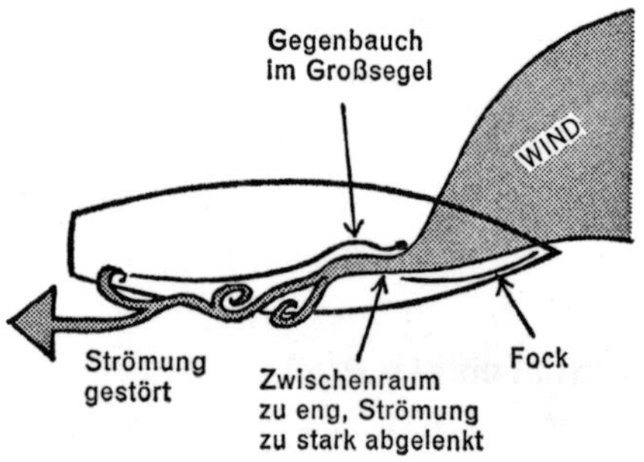

Abb. 27. Abwind aus der Fock

Prinzip von Venturi steigt die Geschwindigkeit des Wassers bei der Verengung, und dementsprechend sinkt nach dem Prinzip von Bernoulli der Druck. Der Venturi-Effekt zwischen Vorsegel und Großsegel darf allerdings nicht überschätzt werden. Er ist überhaupt nur wirksam, wenn beide Segel genau in der richtigen Lage zueinander stehen (vgl. Abb. 26). Wird z.B. das Vorsegel zu dicht gesegelt, entsteht an der Leeseite des Großsegels kein Unterdruck, sondern der Wind wird gegen die Leeseite des Großsegels gedrückt, und die Strömung wird stark turbulent. Hinter dem Mast entsteht dann im Großsegel der sogenannte *Gegenbauch,* wie in Abb. 27 dargestellt. Die beiden Segel im richtigen gegenseitigen Abstand und mit der richtigen Krümmung einzustellen, ist eine Kunst. Im nächsten Kapitel wird noch mehr darüber gesagt werden.

Damit, daß das Vorsegel die Strömung an der Leeseite des Großsegels beschleunigt, entsteht ein weiterer Vorteil: die Wirbel, die hinter dem ungünstigen Profil des Mastes entstehen, werden gewissermaßen weggewischt.

7. Segeln gegen den Wind

Der Anfänger sollte nun in der Lage sein, zu begreifen, wie ein Segelboot gesegelt werden muß. Es sollen jetzt der Amwindkurs, der Raumkurs und der Vorwindkurs eingehend besprochen werden, indem wir von den Grundprinzipien fortschreiten bis zu den wichtigsten Detailproblemen. In diesem Kapitel wird der Kreuzkurs oder Amwindkurs behandelt.

Steuern

Kleine Segelboote werden in der Regel mit einer Pinne gesteuert, wohingegen größere von über 10 oder 12 Meter Länge normalerweise mit Steuerrädern manövriert werden. Mit der Pinne wird die Kraft, die das Ruder auf das Wasser ausüben muß, direkt übertragen. Mit einem Steuerrad wird dagegen eine mehr oder weniger große Übersetzung dazwischengeschaltet, und demnach sind die auf das Steuerrad wirkenden Kräfte wesent-

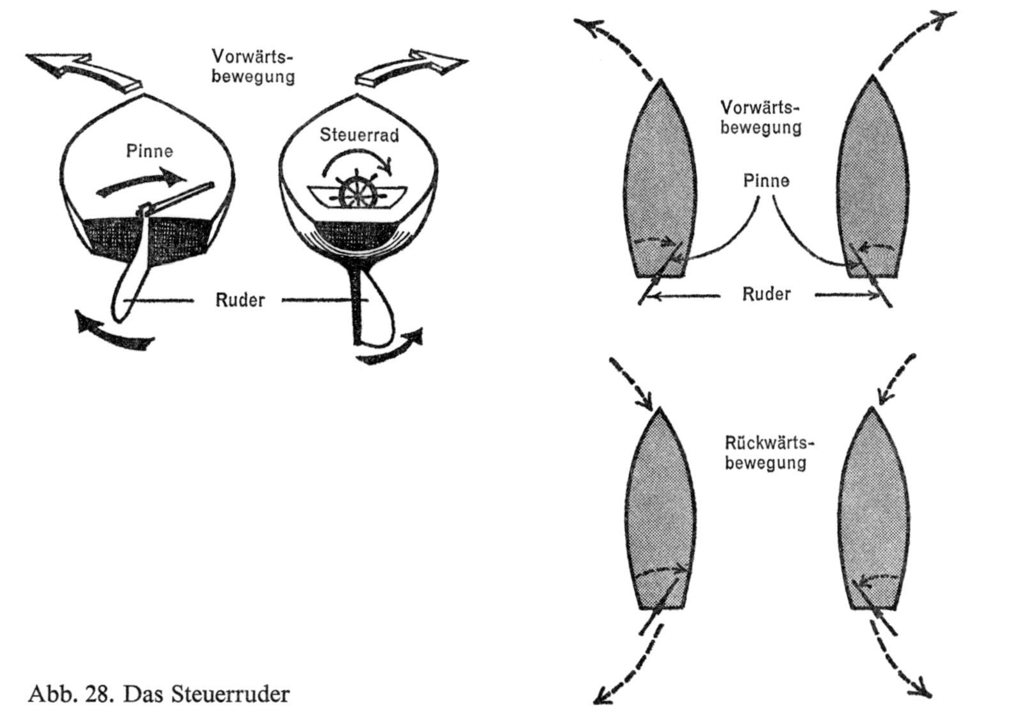

Abb. 28. Das Steuerruder

lich kleiner. Der große Vorteil der direkten Übertragung mit einer Pinne besteht jedoch darin, daß die Bewegungen des Bootes und die Luv- und Leegierigkeit bedeutend besser herausgefühlt werden können.
Damit ein Boot in eine bestimmte Richtung dreht, muß der Steuermann die Pinne in die entgegengesetzte Richtung stemmen. Wenn also ein Boot, das anfänglich geradeaus fährt, nach Steuerbord drehen soll, muß der Steuermann die Pinne gegen Backbord drücken. Mit einem Steuerrad ist es genau umgekehrt. Der Steuermann muß das Steuerrad in jener Richtung drehen, in der sich das Boot bewegen soll, genauso wie bei einem Automobil. Man muß sich aber klar sein, daß die Wirkung des Ruders von der Geschwindigkeit des Bootes abhängt. Nur ein Boot, das sich mit einer mehr oder weniger großen Geschwindigkeit durch das Wasser bewegt, wird dem Ruder leicht folgen. Je kleiner die Geschwindigkeit, desto geringer ist die Wirkung des Ruders. Ein Boot, das sich überhaupt nicht bewegt, kann nicht gesteuert werden. Es hat, wie man sagt, *kein Ruder im Boot.* Wenn mit einem Boot manövriert werden soll, muß demnach eine gewisse Geschwindigkeit vorhanden sein.
In gewissen Fällen kann es sinnvoll sein, mit einem Boot rückwärts zu fahren. Auch dann gehorcht das Boot einigermaßen dem richtig gestellten Ruder.

Amwindsegeln

Stellen wir uns vor, daß wir mit einer kleineren Sloop in mittlerem Wind am Wind segeln. Der Steuermann hält in der einen Hand die Pinne und in der anderen die Großschot, die Mannschaft bedient die Vorschot. In einem kleinen Boot sollte die Großschot immer aus der Hand geführt werden, besonders wenn ein Anfänger auf einer Jolle segelt. Wenn das Boot in einer Bö zu stark krängt und die Gefahr des Kenterns besteht, kann die Großschot sofort gefiert werden. Wird es zu anstrengend, die Großschot ständig direkt in der Hand zu führen, kann sie um eine Belegklampe gelegt werden, so daß die Haltekraft durch die Reibung vermindert wird, wie in Abb. 29 dargestellt. Auf großen Yachten werden die Schoten selbstverständlich *belegt*, jedoch grundsätzlich nur so, daß sie leicht und schnell wieder gelöst werden können. Bei normalen *Belegklampen* geschieht dies mit dem *Slipstek**. Auf vielen modernen Booten sind Patentklemmen oder Curry-Klemmen angeordnet, die erlauben, die Schoten sehr schnell zu lösen, so daß sie auch bei

* *Slipstek:* Knoten zum Belegen an einer Klampe, der sich leicht lösen läßt (siehe 10. Kapitel).

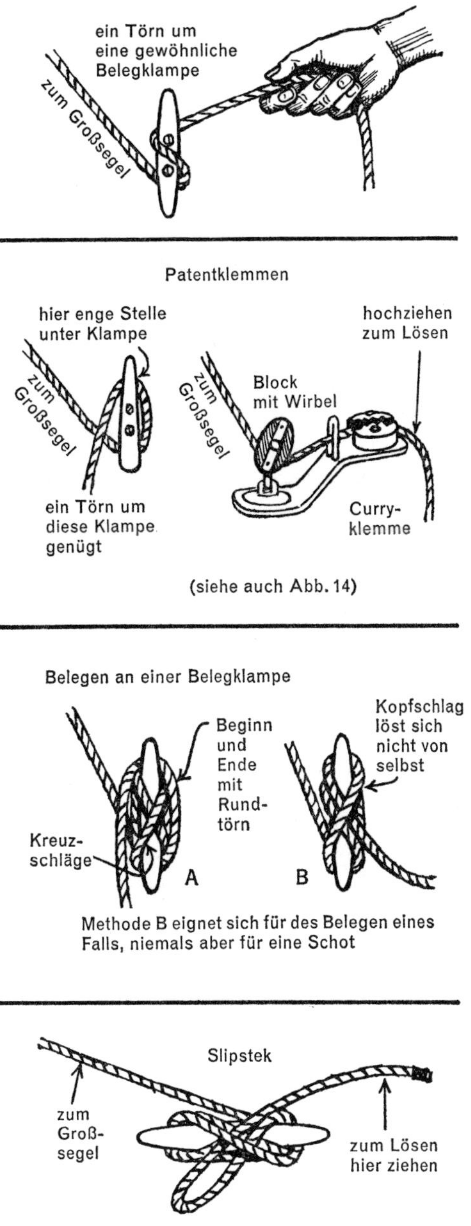

Abb. 29. Belegen der Großschot

Jollen verwendet werden können. Eine Schot darf niemals mit einem *Kopfschlag* (Methode B in Abb. 29) belegt werden. Auch Methode A eignet sich eher für das Belegen der Falle am Mast.

Wenn ein Boot in einer Bö zu stark krängt, pariere man nicht unbedingt durch Fieren der Großschot. Es kann vorteilhafter sein, in einem solchen Fall das Boot höher gegen den Wind zu steuern. Damit wird die krängende Wirkung des Windes vermindert, und gleichzeitig gewinnt man wertvolle *Höhe*. Dies hat vor allem dann einen Sinn, wenn es sich um einen echten Kreuzkurs handelt, das heißt, wenn das Ziel mehr oder weniger genau im Wind liegt. Für das Erreichen eines solchen Zieles ist ja nicht allein die Geschwindigkeit maßgebend, die das Boot am Wind erreicht, sondern auch der Winkel, in welchem die einzelnen Schläge gegen den Wind erfolgen. Je höher ein Boot bei gleicher Geschwindigkeit auf dem Kreuzkurs segelt, desto schneller erreicht es das Ziel.

Wenn ein Boot richtig ausbalanciert, das heißt nur sehr wenig luvgierig ist, soll die Pinne nur mit zwei Fingern geführt werden. Nur so kann der Steuermann wirklich spüren, ob das Boot richtig läuft, ob die Schoten weder zu dicht noch zu lose gefahren werden. Bei leichtem und bei sehr starkem Wind dürfen die Schoten nicht zu dicht genommen werden. Bei mittlerem Wind können die Segel oft so dicht wie möglich getrimmt werden. Da man auf dem Kreuzkurs möglichst hoch anliegen soll, und da die Segel trotzdem zur Kraftentwicklung vollstehen sollen, müssen sie relativ flach getrimmt werden. Ein zu bauchiges Segel bekäme schnell einen Gegenbauch und würde keine Vortriebskraft mehr erzeugen. Je stärker der Wind ist, desto flacher soll das Segel getrimmt werden. Nur bei sehr starkem Wind kann ein Gegenbauch unumgänglich sein, dann, wenn das Boot bei vollstehendem Segel zu stark krängen würde.

Vorteilhaft gegen den Wind ankreuzen zu können, erfordert sehr viel praktische Erfahrung und Fingerspitzengefühl. Aber nichts ist so befriedigend, wie wenn ein Boot so getrimmt ist und so gesteuert wird, daß es wie von selbst und vollkommen im Gleichgewicht gegen Wind und Wellen ansegelt. Es gilt ja, den optimalen Ausgleich zwischen großer Höhe und großer Geschwindigkeit gegen den Wind zu finden. Segelt man zu hoch, so wird zwar die zu segelnde Strecke verkürzt, aber der Verlust an Geschwindigkeit genügt nicht, diese Einsparung wettzumachen. Segelt man zu wenig hoch, so wird zwar die Geschwindigkeit vergrößert, aber nicht genügend, um den weiteren Weg wettzumachen. Selbstverständlich hängt dieser optimale Winkel, mit dem ein Boot auf dem Kreuzkurs gegen den Wind gesegelt werden soll, von sehr vielen Faktoren ab. Relativ hoch anliegen kann man bei mittlerem Wind mit ausgesprochenen Regattabooten, bei wenig Wellen und mit flachgeschnittenen Segeln. Weniger hoch anliegen kann man bei sehr wenig oder sehr viel Wind, bei hohen Wellen, mit gemütlicheren Tourenbooten und mit relativ bauchiggeschnittenen Segeln. Man muß also beim Kreuzkurs danach streben, das Boot mit möglichst maximaler Amwind-Geschwindigkeit laufen zu lassen und trotzdem möglichst hoch anzuliegen.

Da der Wind nie absolut konstant ist, muß man beim Kreuzen auch auf den Wechsel von Windstärke und Windrichtung Rücksicht nehmen. Wenn eine Bö mehr vorliche Richtung hat, was an den Segeln, am Stander, an den Spionen oder auch auf dem Wasser leicht festgestellt werden kann, muß man abfallen. Falls der Wind mehr von der Seite einfällt, kann man höher laufen. Wenn der Wind mehr von vorn weht, nennt man dies *spitzeren Wind,* wenn er mehr von der Seite weht, *raumeren Wind.* Stärkere Böen kann man auf dem Wasser leicht erkennen, bevor sie das Boot erreicht haben. Dies ist von Wichtigkeit, da man in einer Bö auch höher anliegen kann, falls sich die Windrichtung nicht ändert. Denn bei vergrößertem wahrem Wind fällt der scheinbare Wind auf dem Boot raumer ein, wie dies in Abb. 30 erklärt wird. Sehr oft treffen Böen aber auch auf dem Wasser so auf, daß sie radial ausgestrahlt werden. In einem solchen Fall erhält ein Boot je nach der Stelle, an der es sich befindet, entweder raumeren oder spitzeren Wind. Wenn man das Herannahen einer stärkeren Bö auf dem Wasser feststellt, kann man rechtzeitig entsprechende Maßnahmen treffen: die Schoten fieren, um mehr Geschwindigkeit zu erhalten, wenn die Bö eintrifft, oder höher anliegen, damit man während der Bö zusätzlich Höhe gewinnt. Zwischen den Böen ist es angezeigt, wieder etwas abzufallen, um möglichst viel Geschwindigkeit beizubehalten.

Bei leichten Booten und vor allem bei Jollen können diese Bewegungen sehr schnell erfolgen. Bei größeren und schwereren Booten hingegen führt man vorteilhaft nur langsamere Drehungen aus. Bei Yachten mit sehr langem, großem Lateralplan könnten schnelle Drehungen nur mit großer Ruderlage und entsprechender hoher Bremswirkung ausgeführt werden. Damit man eine optimale Wirkung erzielt, muß also die Bedienung der Schoten und des Ruders je nach dem Charakter des Bootes abgestimmt werden.

Wenn man ein im Wind liegendes Ziel möglichst schnell erreichen will, sind noch weitere Faktoren zu berücksichtigen. Gewöhnlich wird das Ziel nicht genau im Wind liegen, so daß der eine Schlag länger sein wird als der andere. In einem solchen Fall ist es angezeigt, zuerst diesen längeren Schlag zu segeln, der einen näher zum Ziel bringt (bei dieser Über-

Wirkung einer Bö auf den scheinbaren Wind:

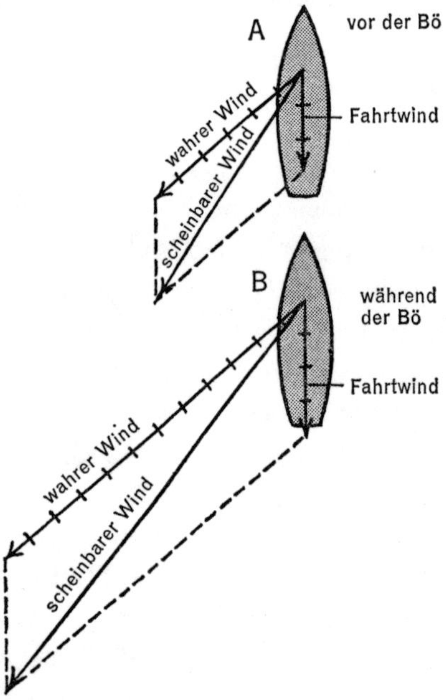

Die Bootsgeschwindigkeit (B) wird nur wenig vergrößert gegenüber der Windgeschwindigkeit und stark verzögert. Dadurch fällt der scheinbare Wind bei B raumer ein als bei A, so daß also ein Boot während einer Bö *höher am Wind* segeln kann.

Die radiale Ausbreitung einer Bö:

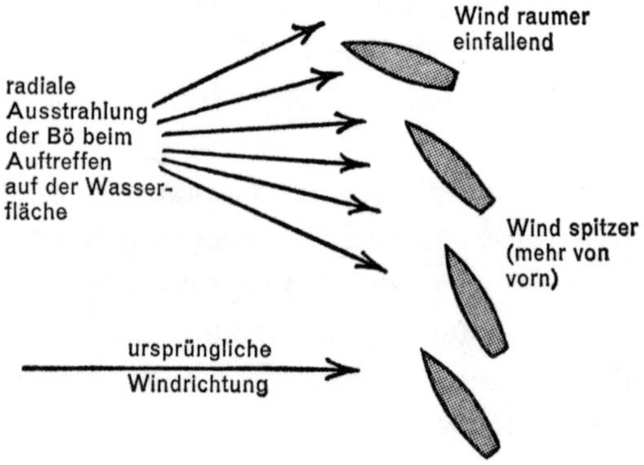

Abb. 30. Böen

Plötzliche Vergrößerung der Windstärke auf beschränktem Raum und während beschränkter Zeit

legung wird selbstverständlich vorausgesetzt, daß keine anderen Einwirkungen wie Strömungen oder Landnähe einen Einfluß haben). Wenn nämlich während dieses ersten Schlags der Wind raumt, kann man das Ziel noch direkter erreichen. Wird er spitzer, kann man wenden und auf dem anderen, dann besseren Bug das Ziel erreichen. Würde man zuerst den kürzeren Schlag, den *Hole-Schlag,* segeln, ergäben sich nachher auf dem längeren Schlag bei Winddrehungen nur Nachteile.

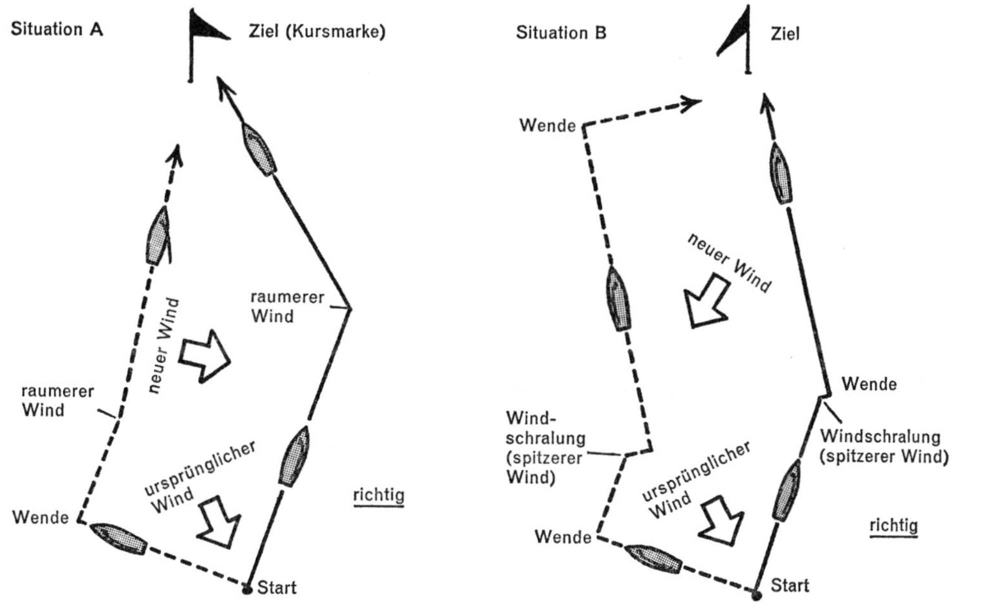

Abb. 31. Strategie auf dem Kreuzkurs
(Immer wenn ein Boot spitzeren Wind erhält, soll es wenden)

In Abb. 31 sind zwei Möglichkeiten dargestellt, wobei jeweils der ausgezogene Kurs den besseren und der gestrichelte Kurs den schlechteren darstellt. Bei A erhalten beide Boote raumeren Wind, so daß sie das Ziel direkt erreichen können. Es ist offensichtlich, daß das Boot, das den kürzeren Schlag zuerst gemacht hat, von der Winddrehung nicht viel profitiert. Die Zeit, die es auf dem Hole-Schlag verbracht hat, ist sozusagen vollkommen vergeudet. In Situation B erhalten beide Boote spitzeren Wind. Das Boot auf der ausgezogenen Linie kann wenden und auf dem neuen Schlag das Ziel direkt erreichen. Das Boot auf der gestrichelten Linie muß am Schluß noch einmal einen Hole-Schlag auf dem anderen Bug einlegen. Auch bei völlig konstantem Wind ist es vorteilhafter, zuerst den längeren Schlag zu segeln. Denn man kann niemals zum voraus genau abschätzen, wie lang der Hole-Schlag sein muß. Es wird also auch in diesem Fall immer so sein, daß man diesen Schlag entweder zu kurz oder zu lang ansetzt, und daß am Schluß des Kurses entsprechende Korrekturen ausgeführt werden müssen.

Wenden

Während eines Kreuzkurses muß man einmal oder mehrmals wenden. Ob man sich in einer Regatta befindet oder nicht, die Anordnung dieser Wenden ist stets von großer Wichtigkeit. Die letzte Wende vor dem letzten Schlag gegen das Ziel muß genau im richtigen Moment ausgeführt werden. Wendet man zu spät, so *übersteht* man das Ziel, das heißt, der letzte Schlag wird zu einem raumen Kurs. Wenn man zu früh wendet, wird man das Ziel auf diesem Schlag nicht erreichen, und man muß zwei zusätzliche Wenden einlegen. Gemäß Abb. 32 muß genau auf der *Anliegelinie** gewendet werden, so daß das Ziel auf dem letzten Amwindkurs genau erreicht wird. Je nach Situation ist selbstverständlich ein wenig Reservehöhe nur von Vorteil.

Da es schwierig ist, auf größere Distanzen diesen richtigen Moment zum Wenden abzuschätzen, werden auf vielen Regattabooten Peilmarkierungen angebracht. Auf dem vorletzten Schlag wird dann so lange gesegelt, bis diese Peilungen genau auf die Wendemarke zielen. Diese Peilmarken sind in einem Winkel angeordnet, der dem optimalen Segelwinkel des betreffenden Bootes entspricht, das heißt ca. 40 bis 45° gegen den Wind.

Die korrekte Ausführung des Wendemanövers benötigt einige Vorbereitungen. Wenn der Steuermann entschieden hat, daß eine Wende bevorsteht, gibt er das Kommando «*Klar zum Wenden*». Dies bedeutet für die Mannschaft, die Vorschoten zum sofortigen Lösen klarzumachen und gegebenenfalls den Wechsel der Stellung der Backstage vorzubereiten. Wenn dann die Wende tatsächlich ausgeführt werden soll, ruft der Steuermann «*Ree*» und legt das Ruder. Im Augenblick, in dem das Boot im Wind steht, werden die Backstage gewechselt. Wenn das Boot auf den neuen Bug abgefallen ist, werden die Schoten getrimmt, und das Boot kann wieder Fahrt aufnehmen.

Die Schoten sollen nicht zu früh losgeworfen werden, sondern erst, wenn die Segel wirklich killen. In diesem Augenblick müssen der Steuermann und der Vorschotmann sich im Boot ducken, da der Baum des Großsegels über ihren Köpfen herüberschwingt. Auf dem neuen Bug ist es vorteilhaft, zu Beginn nicht zu hoch zu segeln, das heißt etwas mehr als unbedingt notwendig abzufallen, und mit etwas *geschrickten,* also leicht gefierten Schoten Fahrt aufzunehmen. Erst wenn das Boot auf dem neuen Kurs volle Fahrt aufgenommen hat, soll wieder auf die normale Höhe *angeluvt** werden. Bei sehr schnellen

* *Anliegelinie:* Die theoretische Kurslinie, auf der man hoch am Wind ein Ziel gerade erreicht.
* *Anluven:* Boot höher an den Wind steuern.

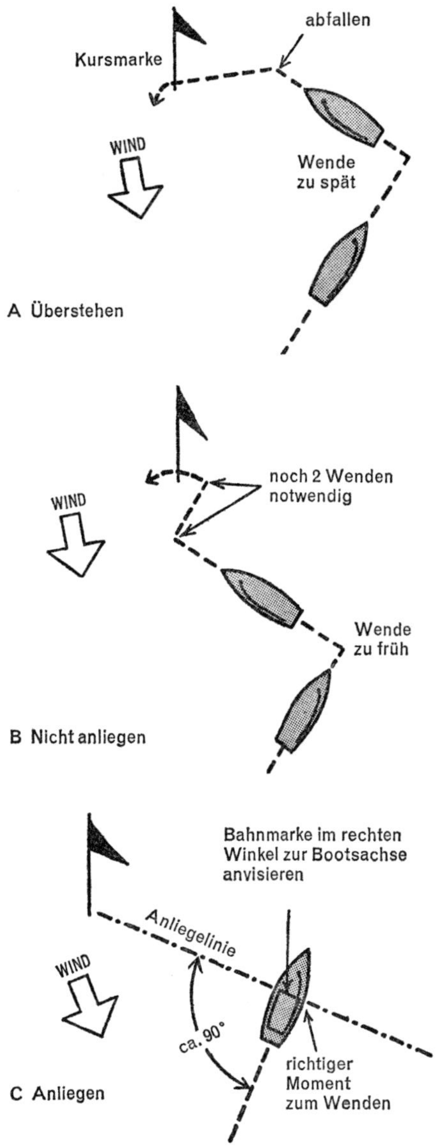

Abb. 32. Anliegen einer Kursmarke im Wind

Um eine Bahnmarke anliegen zu können, muß man auf der Anliegelinie wenden

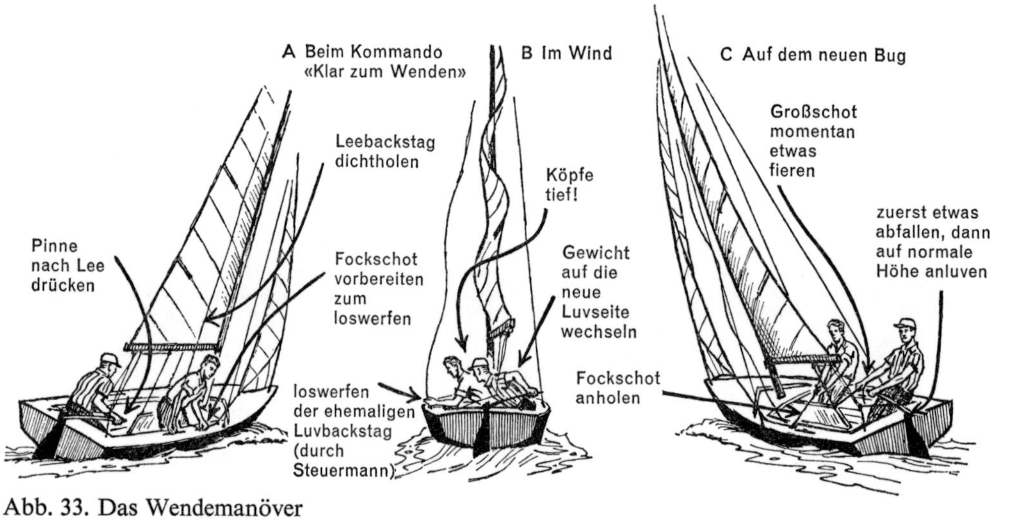

Abb. 33. Das Wendemanöver

Regattabooten und in sehr flachem Wasser kann man auf diese Maßnahme verzichten, so daß auf dem neuen Bug sofort mit der normalen Höhe weitergesegelt werden kann. In Abb. 33 ist das Wendemanöver dargestellt.

Wenn ein Wendemanöver nicht richtig ausgeführt wird, oder wenn die Wellen sehr hoch sind, kann es vorkommen, daß das Boot genau im Wind stehenbleibt und nicht auf den neuen Kurs abfällt. Das Boot wird dann möglicherweise mit killenden Segeln relativ lange im Wind stehenbleiben und dann beginnen, langsam rückwärts zu treiben. Damit ein Boot in einer solchen Situation nicht auf den alten Bug zurückfällt, sind folgende Maßnahmen angezeigt: Am wichtigsten ist es, daß das Vorsegel *backgeholt,* das heißt in der ursprünglichen Stellung dichtgeholt wird. Diese Vorkehrung und die richtige Stellung des Ruders werden das Boot dann in der gewollten Richtung drehen. In Abb. 34 ist dieses Manöver mit einer Sloop und mit einem Katboot dargestellt. Beim Katboot besteht das Backholen des Segels darin, daß man das Segel mit dem Großbaum gegen den Wind stemmt.

Gestörter Wind

 Obwohl in diesem Buch nicht eigentlich von Regattataktik die Rede ist, sollen trotzdem

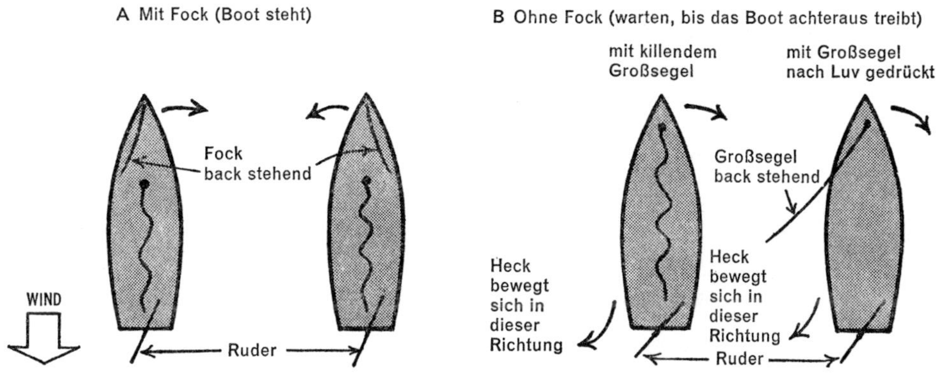

Abb. 34. Im Wind

die Grundbegriffe der gegenseitigen Beeinflussung von nebeneinanderliegenden Segeln und nahe liegenden Booten erläutert werden.

Für den Regattasegler sind diese Erscheinungen von ausschlaggebender Bedeutung; aber auch für den nicht am Regattasegeln Interessierten sind die Zusammenhänge von Interesse.

Wie im Kapitel über Aerodynamik besprochen, ist die Stellung des Vorsegels von großer Wichtigkeit für die Strömung an der Leeseite des Großsegels. Wenn ein Vorsegel zu dicht angeholt ist, entsteht anstelle der beschleunigten Strömung eine verwirbelte Zone, die den Wind gegen die Leeseite des Segels wirft. Diese Strömung wird aber nicht nur von der Größe der Öffnung zwischen Vorsegel und Großsegel beeinflußt, sondern auch von der Form oder Wölbung des Vorsegels. Ob ein Vorsegel richtig getrimmt werden kann, hängt vor allem von der Stellung des Vorsegelholepunktes ab, das heißt von der Lage des Umlenkblocks für die Vorschot auf Deck. Wenn der Fockholepunkt zu weit vorn liegt, wird das Achterliek des Vorsegels zu stark und das Fußliek zu wenig stark angespannt. Wenn der Fockholepunkt zu weit hinten liegt, wird das Fußliek zu stark angespannt und das Achterliek zu lose. Die richtige Stellung kann nur durch Erproben festgestellt werden und hängt von der Stärke des Windes ab. Das Vorsegel sollte so getrimmt

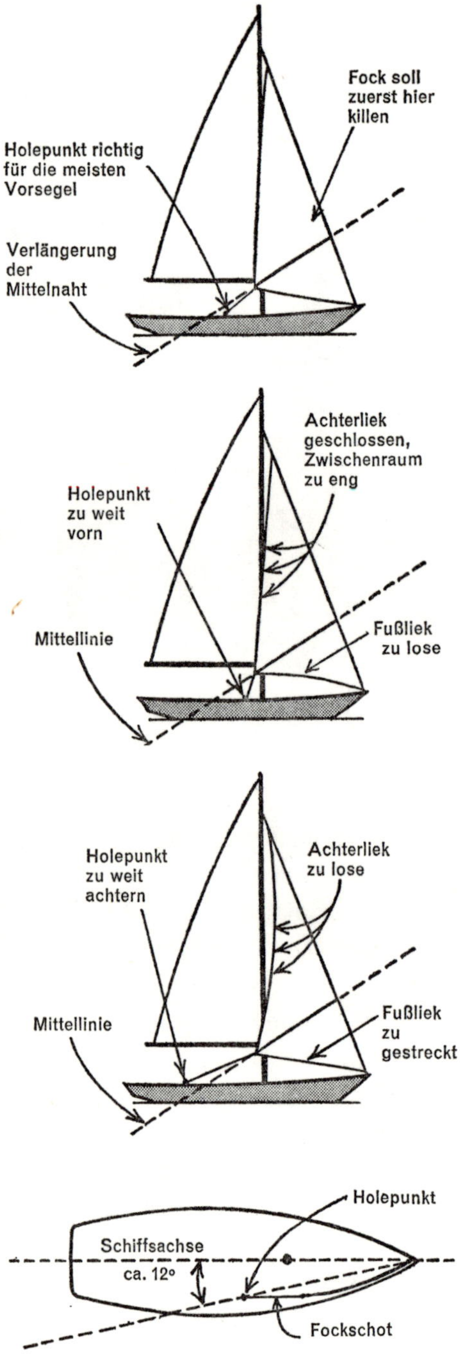

Abb. 35. Fockholepunkt

werden können, daß sein Achterliek sich ungefähr parallel zum Großsegel einstellt, damit, wenn die Vorschot gefiert wird, das Vorsegel der ganzen Länge des Vorliekes entlang etwa gleichzeitig zu killen beginnt.
In seitlicher Richtung sollte der Fockholepunkt auf einer Linie liegen, die beim Vorliek des Vorsegels beginnt und in einem Winkel von etwa 11° bis 12° zur Bootsachse steht. Bei diesem Wert handelt es sich um ein Mittel für die meisten gebräuchlichen Segelboote. Sehr schwere, langsame Boote verschieben den Holepunkt vorteilhaft etwas weiter nach außen, bis ca. 15° aus der Bootsachse, wohingegen bei modernen Regattabooten 8° oder gar 7° vorteilhaft sein können. Selbstverständlich hängt diese Stellung auch vom Schnitt des Großsegels ab. Bauchige Großsegel bedingen weiter außen liegende Fockholepunkte als flache Großsegel.
Ebenso wie eine schlecht getrimmte Fock *Abwind* gegen die Leeseite des Großsegels wirft, beeinflußt ein vorausliegendes Boot das nachfolgende durch seinen Abwind. Ein Boot kann den Wind eines anderen hauptsächlich auf zwei Arten stören. Es kann entweder genau im Luv des anderen liegen, das heißt das andere *abdecken,* oder es kann, gerade voraus oder sogar ein wenig in Lee liegend, das andere Boot durch den abgelenkten, verwirbelten Abwind stören. Obwohl eine derartige Beeinflussung auch auf anderen Kursen vorkommen kann, ist sie auf dem Amwindkurs besonders wichtig und soll hier besprochen werden.
Abb. 36 zeigt, wie sich der Abwind eines Bootes (A) auf andere Boote in verschiedenen Positionen auswirkt. Die Fläche zwischen den gestrichelten Linien ist der eigentliche Windschatten, die Zone der Abdeckung. Hinter dem Boot ist die Zone der Verwirbelung oder des Abwindes sichtbar. Die weißen Boote befinden sich außerhalb der Störungszone von A und können mit freiem Wind segeln. Das schwarze Boot 1 liegt direkt hinter A in dessen Abwind, wohingegen das schwarze Boot 2 in der unmittelbaren Abdeckungszone liegt. Beide Boote werden durch die Heckwellen des Bootes A zusätzlich gestört. Es ist wichtig, zu wissen, wie weit nach Luv die Störungszone wirkt; das schwarze Boot 3 wird noch deutlich durch den Abwind von A beeinflußt.
Ein Boot, das sich bei einer Regatta in einer der drei schwarzen Positionen befindet, muß unverzüglich entsprechende Maßnahmen ergreifen. Die Boote 1 und 3 können wenden, so daß sie nach kurzer Zeit im freien Wind sind. Boot 2 hat zwei Möglichkeiten: es kann sich entweder ein wenig zurückfallen lassen und dann auch wenden. Es kann aber auch etwas abfallen und mit etwas geschrickten Schoten mehr Fahrt aufnehmen und sich so-

weit nach Lee und vorn arbeiten, bis es wie die weißen Boote 1 und 3 in die ungestörte Zone gelangt. Das schwarze Boot 3 hat außerdem die Möglichkeit, durch Hochpressen die freie Zone im Luv von A zu erreichen. Im allgemeinen besteht jedoch die sicherste Methode darin, zu wenden und den freien Wind auf dem anderen Bug zu suchen.
Die Länge der eigentlichen Abdeckungszone beträgt, wie in Abb. 36 dargestellt, ca. 5 Mastlängen gegen Lee. Eine Windabdeckung kann aber nicht nur durch andere segelnde Boote erfolgen, sondern auch durch Hindernisse auf dem Wasser oder am Land. So können Leuchttürme, hohe Ufer, weitausladende Bäume und große Schiffe eine teilweise oder eine vollständige Windabdeckung bewirken. Eine solche Abdeckung kann auch sehr plötzlich eintreten, so daß z. B. ein Boot, das in kräftigem Wind stark krängt, sich plötzlich aufrichtet oder gegen Luv neigt und die Mannschaft über Bord fällt.

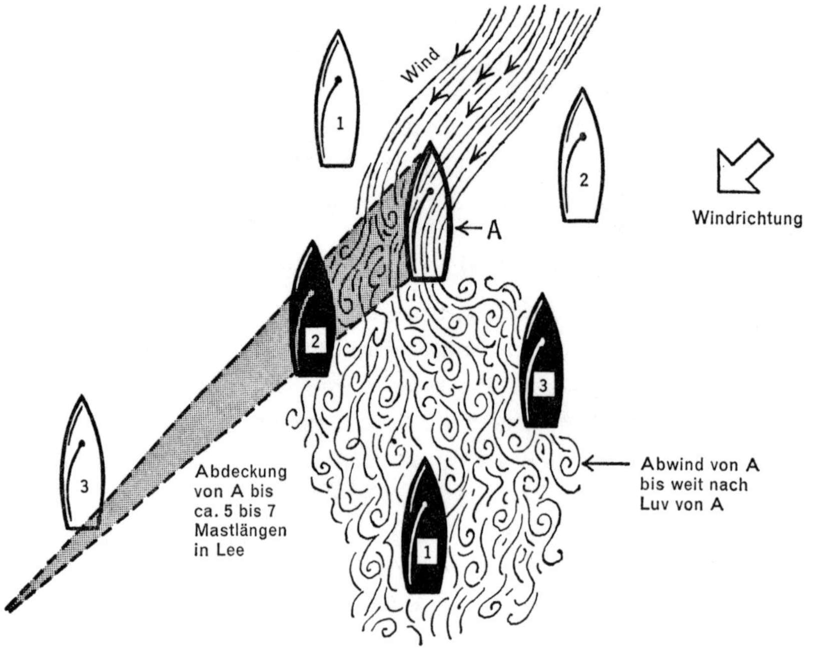

Abb. 36. Gestörter Wind

Weiße Boote sind im freien Wind. Schwarze Boote haben gestörten Wind von A

Vorsegel für den Amwindkurs

Soweit es die *Klassenvorschriften** erlauben, hat sich bei leichten und mittleren Winden die Verwendung einer *Genua-Fock* durchgesetzt. Nach Abb. 34 handelt es sich um ein Vorsegel, welches das Großsegel sehr weit *überlappt*. Ein solches Segel wurde 1927 erstmals von einer schwedischen Mannschaft in Genua verwendet und hat daher seinen Namen. Die Genua-Fock ist durch ihre Größe sehr wirkungsvoll, benötigt aber ebenfalls einen verschiebbaren Fockholepunkt, damit sie richtig getrimmt werden kann. Die Genua-Fock wird außen an den Wanten herumgeführt und in der Regel gerade so dicht gefahren, daß sie unten die Wanten und oben die Saling berührt. Die Genua-Fock eignet sich nicht besonders, um sehr hoch an den Wind zu gehen. Auf dem Kreuzkurs muß man das Optimum somit eher mit großer Geschwindigkeit zu erreichen versuchen. Damit Segel und Schoten beim Wenden nicht beschädigt werden, ist es vorteilhaft, die Wanten zu verkleiden.

Wie Abb. 37 zeigt, gibt es Boote mit mehreren Vorsegeln, die sogenannten Kutter. Hier ergeben sich mit einem Genua-Vorsegel gewisse Schwierigkeiten beim Wenden, da das relativ große Segel jeweils durch die schmale Öffnung zwischen Vorstag und Fockstag durchgezogen werden muß.

Auf Tourenbooten werden Vorsegel oft mit einem Baum versehen (Abb. 38). Damit kann auf die doppelte Führung der Vorschot verzichtet werden, so daß das Vorsegel beim Wenden selbsttätig von einer Seite zur andern geht. Die Schotführung ist dann derjenigen bei einem Großsegel ähnlich. Diese Anordnung ist vor allem dann von Vorteil, wenn ein Boot *einhand,* von einem Mann allein, gesegelt werden soll.

Namentlich wenn eine große Genua-Fock gesetzt ist, ziehen es viele Steuerleute vor, das Boot von der Leeseite aus zu steuern, damit sie das Vorsegel besser beobachten können. Dies mag bei sehr leichten Windverhältnissen von Vorteil sein, doch sollte ein Boot, wenn immer möglich, von der Luvseite aus gesteuert werden. Erstens ist die Verlagerung des Gewichts nach Luv in der Regel von einer gewissen Windstärke an von Vorteil oder sogar absolut notwendig. Zweitens kann man von der Luvseite aus die Stellung der Segel und damit die Stellung des Bootes gegenüber dem Wind besser beobachten. In erster Linie muß auf dem Amwindkurs der vordere Teil des Großsegels ständig beobachtet werden. Das Entstehen eines Gegenbauches oder schon das leiseste Zittern geben Hin-

* *Klassenvorschriften:* Bau- und/oder Ausrüstungsvorschriften von Klassen-Booten.

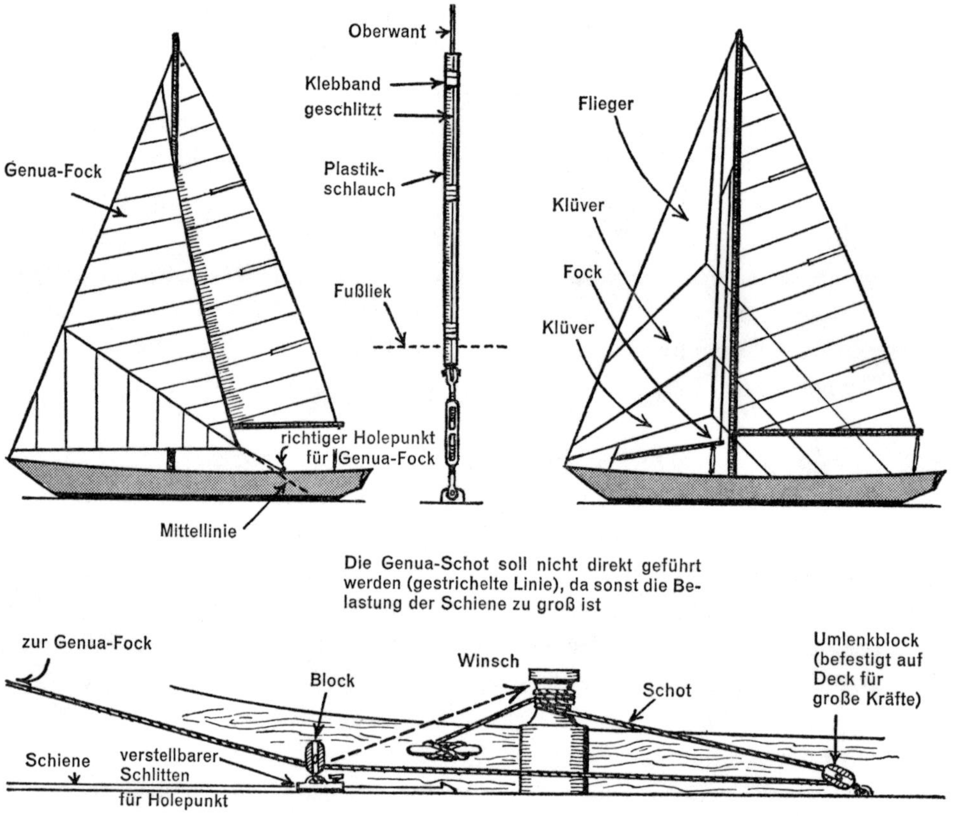

Abb. 37. Vorsegel für den Amwindkurs

weise auf die Höhe, die im Moment gesegelt wird, oder auf die Stellung des Vorsegels. Auch die Anschnittkante des Vorsegels kann vom Luv aus gut beobachtet werden. Es läßt sich leicht feststellen, ob viel oder wenig Druck auf das Vorsegel wirkt, wenn man die Kurve des Vorstages beobachtet (Abb. 39). Außerdem können die scheinbare Windrichtung anhand des Standers oder der Spione und die wahre Windrichtung auf dem Wasser von der Luvseite aus besser beobachtet werden.

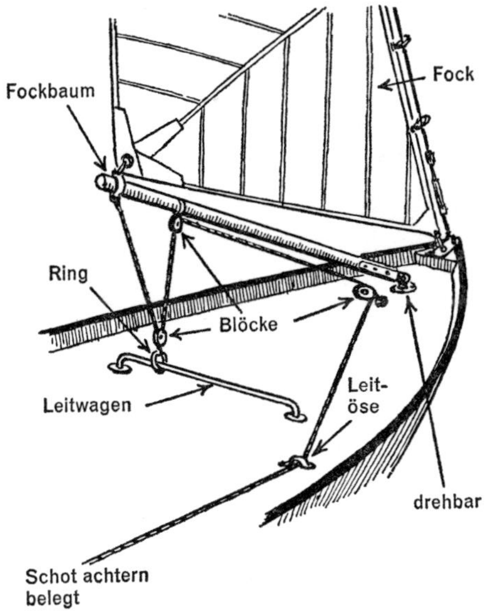

Abb. 38. Baumfock

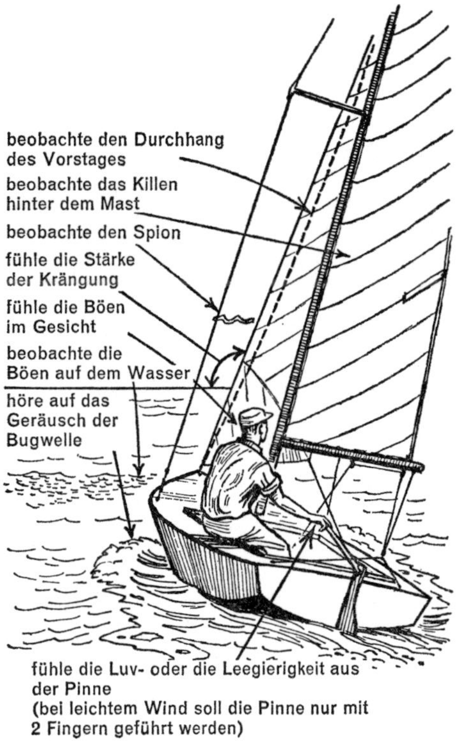

Abb. 39. Das Steuern auf dem Amwindkurs

8. Segeln vor dem Wind

In diesem Kapitel soll nun von jenen Kursen die Rede sein, die nicht mit Hart-am-Wind- oder mit Kreuzkurs bezeichnet werden, also von den Raum- und Vorwindkursen.

Der Raumkurs

Wenn wir von einem Amwindkurs nach und nach abfallen und dabei die Schoten fieren, segeln wir zuerst auf dem harträumlichen Kurs, dann, wenn der Wind ungefähr querab weht, auf dem Halbwindkurs, dann auf dem stark räumlichen Kurs («mit Backstagbrise») und zuletzt, wenn der Großbaum beinahe die Wanten berührt, auf dem Vorwindkurs. Anfänglich müssen die Schoten jeweils etwas gefiert werden. Sobald das Boot Fahrt aufgenommen hat und der scheinbare Wind etwas vorlicher einfällt, können sie wieder etwas dichtergeholt werden.

Es gibt eine sehr einfache Methode, um festzustellen, ob die Segelstellung auf dem Raumkurs richtig ist. Wenn die Schoten nur leicht gefiert werden, sollte das Segel hinter der Anschnittkante leicht killen. Dann muß es nur wieder so viel dichtergenommen werden, daß dieses leichte Killen verschwindet. Auf dem Raumkurs schadet es weit mehr, wenn die Segel zu dicht, als wenn sie zu lose gefahren werden und am Vorliek oder im oberen Teil leicht killen. Besonders bei leichtem Wind verfällt der ungeübte Steuermann oft in den Fehler, die Segel zu dicht anzuholen.

Auf raumen Kursen ist es notwendig, die Segelstellung ständig den Windänderungen anzupassen. Im Gegensatz zum Kreuzkurs wird man hier weniger die Kursrichtung ändern, um raumeren Wind oder spitzeren Wind zu berücksichtigen. Es ist von großem Vorteil, die Segelstellung fortwährend anzupassen und zu kontrollieren, ob die Segel nicht doch noch etwas weiter ausgefiert werden können. Auch für den Raumkurs gibt es spezielle Vorsegel, den sogenannten *Raumballon.* Es handelt sich um große, leichte Vorsegel, ähnlich der Genua-Fock, jedoch bauchiger geschnitten. Damit diese Segel möglichst offen und weit ausgefiert gesegelt werden können, werden die Schoten oft über den Großbaum gefahren. Der Raumballon kann damit so getrimmt werden, daß er im unteren Teil keinen schädlichen Abwind ins Großsegel wirft.

In Abb. 41 sind weitere Segel dargestellt, die vor allem auf dem Raumkurs gebraucht werden. Das *Besanstagsegel* findet besonders bei Yawl und Ketsch Verwendung; es wird über den Besanbaum geschotet. Als Ergänzung zum Spinnaker, den man vor allem beim Vorwindkurs benutzt, wird unmittelbar über Deck das sogenannte *Spinnakerstagsegel,* auch «Betrüger» genannt, verwendet.

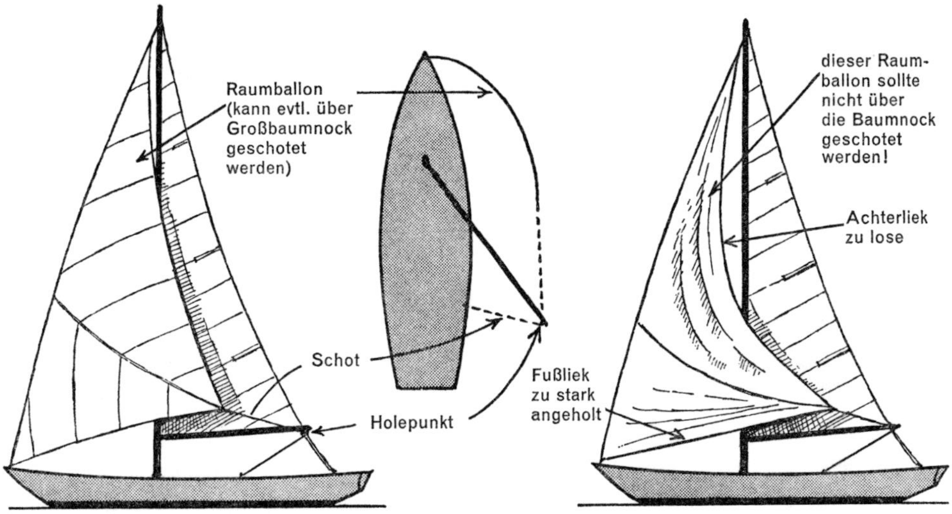

Abb. 40. Raumballon

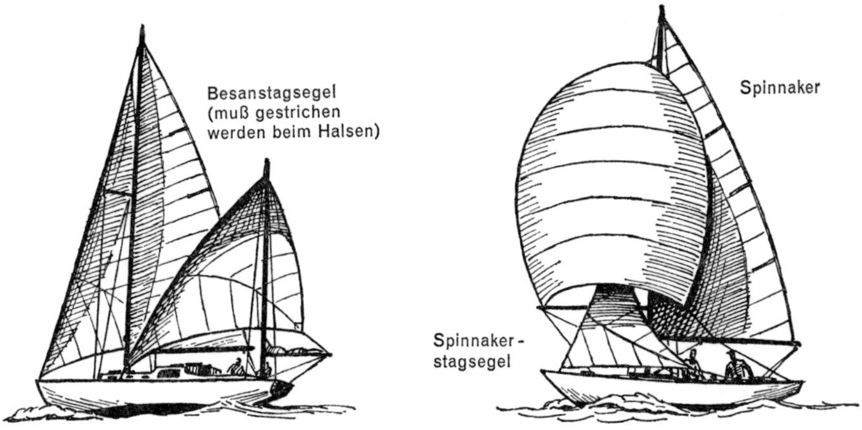

Abb. 41. Segel für raume Kurse

Der Niederholer

Beim Raumkurs wie auch beim Vorwindkurs wird der Großbaum durch den Segeldruck angehoben, womit eine ungünstige Verformung des Großsegels entsteht. Wie in Abb. 42 dargestellt, begegnet man dieser Erscheinung mit dem *Niederholer*. Es handelt sich dabei um eine *Talje**, die am Großbaum befestigt ist und diesen nach unten ziehen kann. Die Niederholertalje ist einerseits am Baum – in ungefähr einem Drittel der Baumlänge hinter dem Mast – und anderseits unten am Mastfuß festgemacht. Bei stark eingedeckten Booten oder bei Booten mit Kajüte kann die Niederholertalje unten nur unmittelbar über Deck am Mast oder am Deck selbst befestigt werden.

In Abb. 42 unten ist die Wirkung des Niederholers dargestellt. Boot A hat keine Niederholertalje gesetzt, Boot B hingegen verfügt über eine solche Einrichtung. Es ist offensichtlich, daß der Großbaum bei Boot A hochsteigt und daß das Achterliek eine Kurve beschreibt. Das Großsegel ist somit im oberen Teil auf Vorwind und im unteren Teil auf harträumlichen Wind eingestellt. Das Großsegel hat so eine große Verwindung, die bewirkt, daß es nur in einem kleinen Teil den richtigen Anstellwinkel hat. Bei Boot B hingegen hat das Großsegel von oben bis unten beinahe den gleichen Anstellwinkel, oben nur wenig größer als unten. Eine gewisse geringe Verwindung, wie bei Boot B in Abb. 42, ist sogar von Vorteil, da der scheinbare Wind oben wegen der höheren Windgeschwindigkeit in größerer Höhe über Wasser raumer einfällt. In Abb. 42 ist dies mit Hilfe von Kräftediagrammen dargestellt. Bei starkem Wind soll der Niederholer in der Regel sehr steif durchgesetzt werden. Bei leichtem oder sehr leichtem Wind ist ein Ansteigen des Baumes nicht unbedingt von Nachteil, vor allem weil so das Großsegel sehr bauchig gefahren werden kann.

Der Vorwindkurs

Viele erfahrene Segler sind der Ansicht, daß es ebensoviel Können erfordert, ein Boot auf einem Vorwindkurs erfolgreich zu steuern wie auf einem Kreuzkurs. Der Vorwindkurs ist in mancher Hinsicht genau das Gegenteil des Kreuzkurses. Um dies zu verstehen, müssen wir uns noch einmal vergegenwärtigen, was wir über das Kreuzen gegen einen unregelmäßigen Wind gelernt haben. Wenn in einer Bö das Boot stark zu krängen droht, wird der geübte Steuermann leicht anluven, so daß das Boot in möglichst aufrech-

* *Talje:* Flaschenzug.

ter Lage in einem möglichst kleinen Winkel gegen den Wind segelt. In den Böenpausen wird der Steuermann genau das Gegenteil tun. Er wird leicht abfallen, so daß das Boot trotz des flaueren Windes möglichst viel Fahrt macht. Es handelt sich also um ein ständiges Hin- und Herpendeln zwischen den optimalen Kursen für die jeweiligen momentanen Windstärken und Windrichtungen.
Auf dem Vorwindkurs ist es nun genau umgekehrt. Der Steuermann fällt ab in den Böen und luvt an in den Böenpausen. In Abb. 43 ist gezeigt, wie ein Boot vorteilhaft in einem unregelmäßigen Wind segelt, um ein Ziel in Lee zu erreichen. Der Steuermann wird also

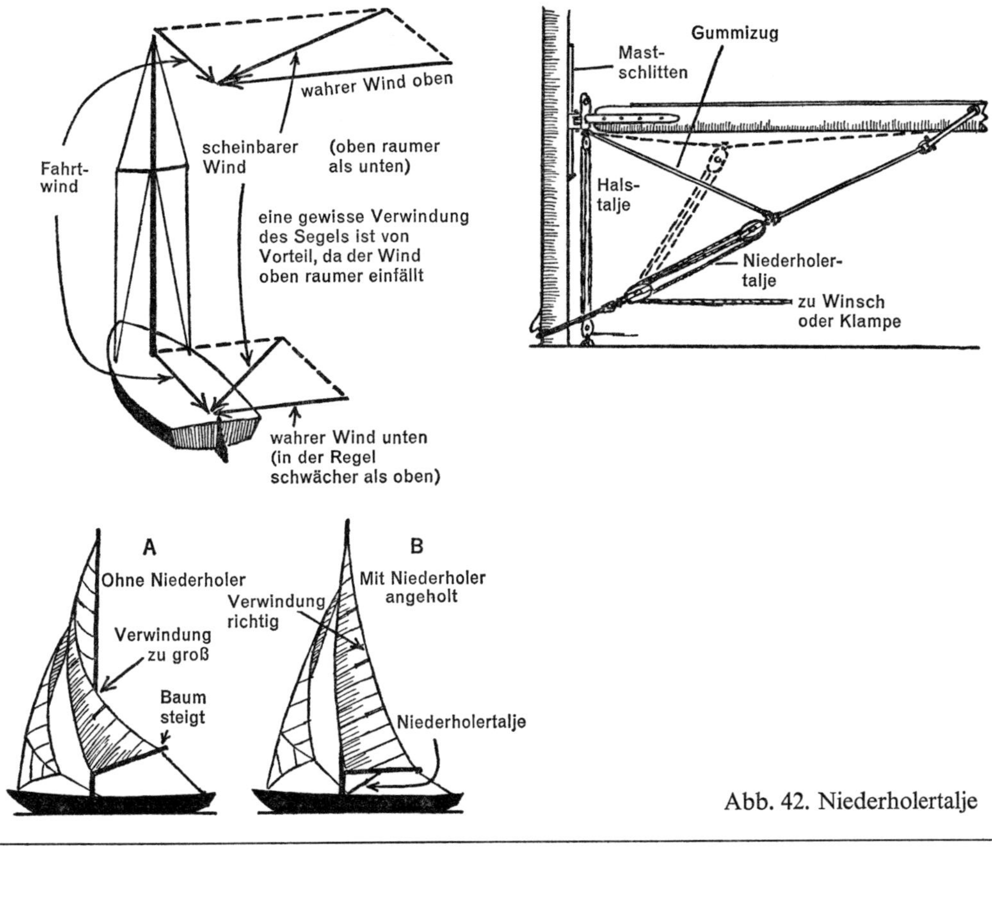

Abb. 42. Niederholertalje

versuchen, in den Böenpausen leicht anzuluven, die Schoten etwas dichter zu nehmen und auf diesem vorteilhafteren Kurs trotz des schwächeren Windes etwas mehr Fahrt zu machen. Vor allem wenn man ohne Spinnaker segelt, werden auf dem leicht räumlichen Kurs die Segel besser stehen, und das Boot wird mehr Fahrt machen. Der Steuermann muß dabei aber in Kauf nehmen, daß er nicht mehr den theoretisch genau richtigen Kurs segelt, er wird etwas höher anliegen. Aus diesem Grund wird er versuchen, in den Böen möglichst weit wieder abzufallen und entsprechend weiter nach Lee zu gelangen.

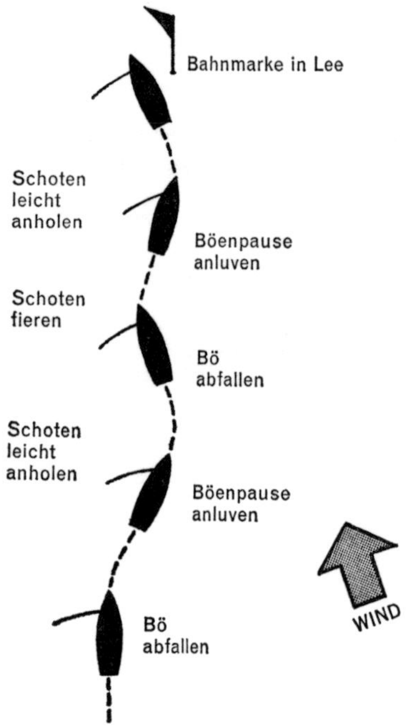

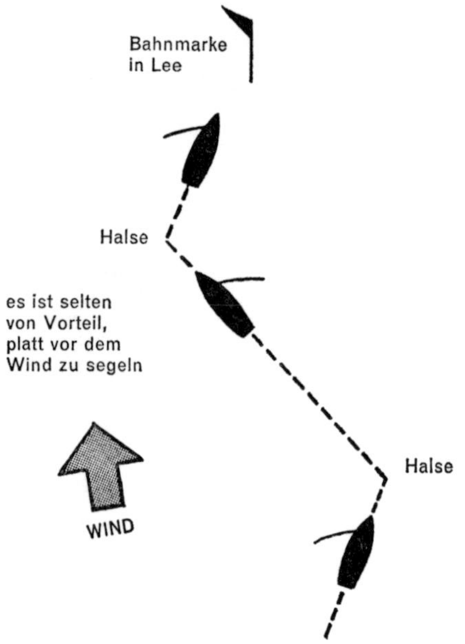

Abb. 44. Vorwindkreuzen

Um Winddrehungen vorteilhaft ausnützen zu können, muß als erster Schlag derjenige gewählt werden, welcher direkter auf das Ziel zu führt

Abb. 43. Vorwindkurs

Während der Bö ist der platte Vorwindkurs weniger schädlich, da das Boot ohnehin beinahe Höchstgeschwindigkeit läuft und auf einem räumlicheren Kurs stark krängen würde. Das hätte eine Geschwindigkeitseinbuße zur Folge, einerseits wegen der ungünstigen Schwimmlage und anderseits wegen der meist damit verbundenen Luvgierigkeit. Dieses Vorgehen wird nun je nach den Böen ständig wiederholt, so daß das Boot sein Ziel nicht auf dem kürzesten geraden, dafür aber auf dem schnellsten Weg erreicht.
Eine weitere Möglichkeit, um zu vermeiden, daß ein Boot auf dem langsamen Platt-Vorwindkurs segeln muß, ist das *Vorwindkreuzen.* Aus Abb. 44 wird ersichtlich, wie ein Boot, das ein Ziel genau in Lee erreichen will, seinen Kurs mit Vorwindkreuzen absegelt. Die einzelnen Schläge werden nicht platt Vorwind, sondern leicht räumlich gesegelt, einmal auf Backbordbug, das andere Mal auf Steuerbordbug. So entsteht, wie auch beim Amwindkreuzen, ein Zickzackkurs gegen das Ziel. Dadurch, daß die Geschwindigkeit auf dem leicht räumlichen Kurs so viel größer ist als auf dem Platt-Vorwindkurs, wird die zusätzliche Wegstrecke des Zickzackkurses mehr als wettgemacht. Auch hier ist also der direkteste Kurs nicht unbedingt der schnellste. Selbstverständlich darf dabei nicht übertrieben werden. Je nach Bootskonstruktion und Windstärke ist ein Abweichen von der geraden Linie, das stärker ist als in Abb. 44 dargestellt, kaum von Vorteil.
Auf Jollen sollte das Schwert auf dem Vorwindkurs weitgehend hochgeholt werden. Denn der Lateralwiderstand ist auf diesem Kurs nicht von Bedeutung, und die benetzte Fläche des Schwertes würde nur unnötigen Widerstand bedeuten. Immerhin ist es selten von Vorteil, das Schwert vollkommen hochzuholen. Man wird in der Regel einen kleinen Teil der Fläche wirksam sein lassen, erstens, weil damit die Kursstabilität und folglich die Steuerfähigkeit erhöht werden, und zweitens, weil so verhindert wird, daß das Boot in den Wellen zu stark *schlingert* und *rollt.* Die Wellen treffen ja ein Boot auf dem Vorwindkurs in der Regel in einem gewissen Winkel schräg von hinten. Dadurch entsteht das auf dem Vorwindkurs bekannte oder zuweilen sogar gefährliche *Rollen* und *Gieren.* Unter Rollen versteht man die zusammengesetzte Bewegung aus dem seitlichen *Schlingern* – im seitlichen Hin- und Herschwingen – und dem Stampfen, dem Auf- und Abbewegen des Bugs in den Wellen. Gieren bezeichnet das damit verbundene *Ausscheren* aus der ursprünglichen oder gewollten Kursrichtung. Wenn nun ein Boot mit vollkommen hochgeholtem Schwert beinahe nicht mehr steuerfähig ist, könnte es vorkommen, daß das Boot vollkommen aus dem Kurs ausschert, quer zu den Wellen und zum Wind zu stehen kommt und kentert. Unter sehr harten Bedingungen besteht die Gefahr selbstver-

ständlich auch für Yachten, speziell für sogenannte Leichtdeplacement-Typen mit wenig Tiefgang und kleinem Lateralplan. Bei solchen größeren Booten ist es dann angezeigt, die Fläche der achtern stehenden Segel zu reduzieren. Bei der Yawl oder der Ketsch wird man das Besansegel ganz *streichen**, bei einer Sloop wird man das Großtuch reffen (siehe 11. Kapitel). Außerdem ist es von Vorteil, das Gewicht möglichst nach achtern zu verlegen, so daß der Bug entlastet und die Steuerfähigkeit erhöht wird.

Halsen

Wir erinnern uns von Abb. 22, daß man unter Halsen jenes Manöver versteht, bei dem das Boot abfällt, bis der Wind genau von achtern weht, daß man dann das Großsegel herüberschwingt, bis es wiederum platt Vorwind auf der andern Seite steht.

Viele Anfänger haben vor dem Halsen eine panische Angst, weil sie gehört haben, daß, vor allem bei viel Wind, gewisse Gefahren damit verbunden sind. Es ist unbestritten, daß bezüglich der Halsemanöver gewisse Vorsichtsmaßnahmen am Platz sind. Wenn eine einigermaßen eingeübte Mannschaft sie beachtet, braucht man jedoch das Halsemanöver keineswegs zu fürchten.

Zuerst wollen wir beschreiben, wie eine Halse korrekt durchgeführt wird, dann sollen die damit verbundenen Gefahren genauer beleuchtet werden. In Abb. 45 ist das Manöver schrittweise dargestellt. Zunächst wird der Steuermann die Absicht, zu halsen, mit dem Kommando «*Klar zum Halsen!*» bekanntgeben. Dies bedeutet für die Mannschaft, die Schoten zu klarieren, damit das Manöver leicht ausgeführt werden kann, und allenfalls die Backstage zum Wechseln vorzubereiten. Wenn sich das Boot auf dem platten Vorwindkurs befindet, wird die Großschot schnell dichtgeholt und das Steuer so gelegt, daß das Boot weiter abfällt und dann beim Kommando «*Rund achtern!*» der Baum herüberschwingt. Man muß darauf achten, daß das Großsegel erst dann herüberschwingt, wenn es beinahe dichtgeholt ist. Bei leichtem Wind und bei kleinen Booten kann dies so geschehen, daß der Steuermann oder ein Mitglied der Mannschaft die Schoten gesamthaft packt und das Großsegel hinüberbewegt. Das Kommando «Rund achtern» bedeutet für die Mannschaft erstens, sich zu ducken, so daß der Baum beim Herüberschwingen sie nicht trifft, und zweitens, die Backstage schnell zu wechseln. Das neue Luvbackstag muß feststehen, bevor das Segel auf dem neuen Bug Winddruck erhält, und das andere Backstag muß gefiert sein, bevor der herüberschwingende Baum es treffen könnte. Dann wird das

* *Segel streichen:* Segel niederholen.

Abb. 45. Halsen

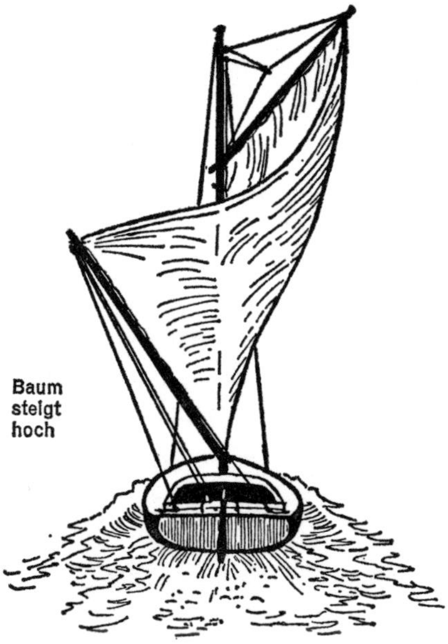

Abb. 46. «Zapfenzieher»-Halse
(kommt bei Gaffelsegeln eher vor als bei Hochsegeln)

Um das fehlerhafte Manöver zu korrigieren, soll man versuchen, so schnell wie möglich auf den alten Bug zurück zu halsen

Großsegel auf der neuen Seite ausgefiert und entsprechend dem neuen Kurs getrimmt. Und schließlich werden auch noch die Schoten des Vorsegels gewechselt. Wenn das Großsegel herübergeschwungen ist, muß der Steuermann darauf achten, das Boot mit dem Ruder zu stützen, das heißt, das Ruder so zu legen, daß das Boot auf dem neuen Bug auf Vorwindkurs bleibt und nicht unerwünscht anluvt.
Eine sogenannte *unfreiwillige Halse* kann dann eintreten, wenn der Steuermann auf Vorwindkurs oder beim Halsen nicht ständig die Winddrehungen und die Bewegungen des Bootes und des Großsegels beobachtet. Wenn beispielsweise das Großsegel beim Halsemanöver schon einigermaßen dichtgeholt ist und der Wind plötzlich nach Lee dreht, kann es vorkommen, daß bei Unaufmerksamkeit des Steuermanns das Großsegel von selbst schlagartig und von der Mannschaft unerwartet herüberkommt. Bei guter Beobachtung kann dies vermieden werden, indem der Steuermann, falls das Halsemanöver noch nicht durchgeführt werden soll, kurz anluvt und unter Umständen die Schot wieder fiert. Bei starkem Wind müssen selbstverständlich auch die von hinten anrollenden Wellen beobachtet werden, da eine unbeabsichtigte Halse auch durch plötzliches Drehen des Bootes hervorgerufen werden kann. Es ist daher vorsichtiger, ein Boot nicht genau platt Vorwind zu steuern, sondern mit etwas raumer einfallendem Wind und erst unmittelbar vor der eigentlichen Halse ganz abzufallen.
Die Gefahr bei einer unfreiwilligen Halse liegt vor allem darin, daß beim plötzlichen Überkommen des Baumes Mitglieder der Mannschaft getroffen und verletzt und über Bord geschlagen werden können. Außerdem besteht die Möglichkeit, daß sich Schoten z.B. in der Ruderpinne verfangen, oder daß durch den großen Schlag des Großbaumes Backstage brechen. Außerdem läuft man Gefahr, daß insbesondere bei Booten mit Gaffeltakelung das Großsegel nur halb herüberschwingt, so daß der obere Teil auf der alten Seite bleibt und nur der untere Teil mit dem Großbaum auf die neue Seite herüberschwingt. Das Segel wird in solchen Fällen oft derart um den Mast verwickelt – man nennt das einen *Zapfenzieher* –, daß es kaum mehr ohne Schaden von Segel und Takelung zu lösen ist. In einem solchen Fall muß man sofort versuchen, auf die alte Seite zurückzuhalsen und das Großtuch möglichst dichtzuholen.
Eine große Hilfe für das Halsemanöver sind Niederholertaljen. Auch Zapfenzieher lassen sich mit ihnen vermeiden. Niederholertaljen können während des ganzen Manövers gesetzt bleiben. Mit Sicherheit wird der Großbaum damit am Hochsteigen gehindert; die
 Kontrolle über das Großsegel ist leichter. Selbstverständlich gibt es Boote, an denen eine

solche Niederholertalje nicht angebracht werden kann. Dann werden das Lösen auf dem alten Bug vor der Halse und das Wiederanholen auf dem neuen Bug notwendig.

Der Spinnaker

Da die normalen Amwindvorsegel auf dem Vorwindkurs wenig wirksam sind, ist auf diesem Kurs das Setzen des Spinnakers von großem Vorteil. Der Spinnaker (der Name soll von einer englischen Yacht «Sphinx» herkommen, die erstmals ein solches Segel verwendet hat) ist vor allem für den Vorwindkurs gedacht, wird aber heute von modernen Booten auch auf Raumkursen und sogar auf Halbwindkurs gesegelt. Das Setzen und das Trimmen des Spinnakers ist relativ schwierig und erfordert viel Übung. In Abb. 47 ist das für die Bedienung des Spinnakers notwendige laufende Gut dargestellt. Zur Vereinfachung sind alle den Spinnaker nicht betreffenden Teile des Bootes weggelassen.
Der Spinnaker ist also ein ballonähnliches Vorsegel, das im Gegensatz zu allen andern Segeln symmetrisch geschnitten ist. Das Segel wird an seinen drei Ecken gehalten: am Kopf durch das Spinnakerfall, an der Luvseite durch den Spinnakerbaum und den *Achterholer,* und an der Leeseite durch die *Spinnakerschot.*
Der Achterholer kontrolliert die Stellung des Spinnakerbaums: auf dem Vorwindkurs stark angeholt, so daß der Spinnakerbaum mehr oder weniger quer zur Schiffsachse steht; auf dem raumen Kurs mehr gefiert, so daß der Baum nach vorn zeigt oder im Extremfall am Vorstag anliegt. Dies ist in Abb. 48 dargestellt. Es kann als gute Regel gelten, daß der Spinnakerbaum immer senkrecht zum scheinbaren Wind stehen soll. Normal geschnittene Spinnaker werden in der Regel nur auf dem Vorwindkurs und dem stark räumlichen Kurs verwendet. Moderne Regattaboote hingegen verfügen über verschieden geschnittene Spinnaker, vollere für den Vorwindkurs und flachere für die raumen Kurse, die auch auf dem Halbwindkurs und in extremen Fällen sogar noch etwas höher wirksam sein können.
Ausgenommen bei sehr wenig Wind, sollte der Spinnaker so gefahren werden, daß er möglichst hoch steht. Der Spinnakerbaum wird in der Höhe durch den *Hochholer* und den *Niederholer* reguliert. In Abb. 49 sind drei Positionen des Spinnakerbaums dargestellt. Dabei wird vorausgesetzt, daß der Spinnakerbaum am Mast in seiner höchsten Stellung ganz oben auf der entsprechenden Schiene befestigt ist. Position A ist zu hoch, da das Segel zu nahe am Mast gefahren wird und der Niederholer zu stark belastet ist. Position B ist sehr gut für starken bis mittleren Wind, wohingegen C für leichten Wind in

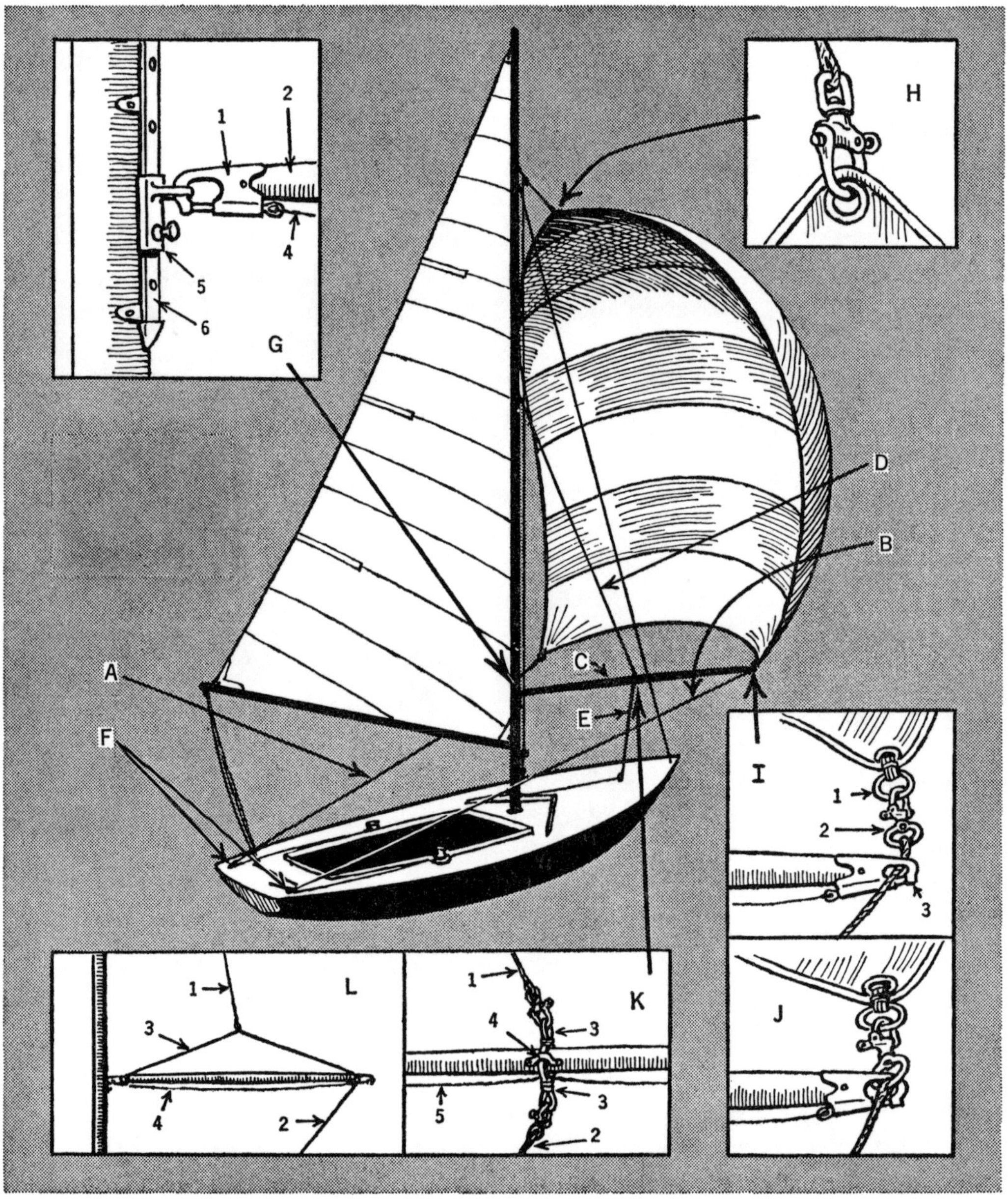

1
2
4
5
6
G
H
D
B
A
C
E
F
I
1
2
3
L
1
3
4
2
K
1
4
3
5
3
2
J

Frage kommt. Es muß darauf geachtet werden, daß auch das Schothorn in derselben Höhe liegt wie das Ende des Spinnakerbaumes. Falls bei leichtem Wind das Schothorn tiefer zu liegen kommt, muß auch der Baum entsprechend gesenkt werden. Der Holepunkt der Spinnakerschoten sollte auf dem Boot so weit wie möglich achtern geführt werden.

Es gibt zwei hauptsächliche Methoden, einen Spinnaker zu setzen: mit einem Spinnakerkorb oder durch Binden mit zerreißbaren Bändseln. Auf den meisten Booten wird heute die erste Methode angewendet. In Abb. 50 ist ein Spinnakerkorb sichtbar, der vor dem Vorstag befestigt ist. Oft wird der Spinnakerkorb auch an den Wanten festgemacht. Bei vielen modernen Booten wird statt eines eigentlichen Spinnakerkorbes eine im Deck des Bootskörpers angeordnete Öffnung verwendet. Der Spinnaker wird im Spinnakerkorb derart versorgt, daß der Kopf und die beiden Schothörner in der richtigen Position herausschauen. Bereits vor dem Setzen des Spinnakers werden Fall und Schoten angeschäkelt. Ebenso wird der Spinnakerbaum im Achterholer schon eingehakt. Das große Geheimnis des erfolgreichen Spinnakersetzens besteht darin, alle Schoten und den Spinnaker selbst so vorzubereiten, daß alles vom ersten Moment an klar und richtig läuft.

Die zweite Methode, einen Spinnaker zu setzen, ist in Abb. 51 dargestellt. Der Spinnaker muß vor dem Segeln an Land entsprechend vorbereitet werden, das heißt, er wird

---

◁ Abb. 47. Der Spinnaker

A Spinnakerschot
B Achterholer
C Spinnakerbaum
D Hochholer
E Spinnakerniederholer
F Holepunkte für Schot und Achterholer
G Spinnakerbaumbeschlag:
  1 Baumnockbeschlag
  2 Spinnakerbaum
  3 Patentverschluß
  4 Leine zum Lösen des Verschlusses
  5 Schlitten zum Regulieren der Höhenlage
  6 Schiene
H Wirbelschäkel am Spinnakerfall
I Spinnakerhals
  1 Ring
  2 Wirbelschäkel
  3 Achterholer läuft frei durch Nockbeschlag
J Spinnakerhals (andere Methode) Schäkel in Nockbeschlag eingehakt
K Spinnakerbaum (Mittelteil)
  1 Hochholer
  2 Niederholer
  3 Grummet
  4 Bügel
  5 Leine zum Lösen des Nockbeschlages
L Spinnakerbaum (andere Art)
  1 Hochholer
  2 Niederholer
  3 Hahnepot
  4 Nockleine

Drachenboote auf dem Kreuzkurs, einige auf Backbordbug, die anderen auf Steuerbordbug. Der Winkel zwischen den beiden Kursrichtungen ist gut erkennbar und beträgt deutlich weniger als 90°. ▷

sorgfältig zusammengelegt und mit dünnen Bändseln zusammengebunden (wie in Abb. 51 dargestellt, oder auch paketartig wie ein Fallschirm). Wenn der Spinnaker gesetzt ist und der Spinnakerbaum sich bereits in der richtigen Stellung befindet, wird durch Zug am Schothorn bewirkt, daß die Bändsel von unten nach oben der Reihe nach brechen und sich der Spinnaker entfaltet.

Es ist nicht ganz einfach, Boot und Spinnaker so zu führen, daß die Segel ständig voll stehen. Es gibt grundsätzlich zwei Methoden, unter Spinnaker die Winddrehungen zu berücksichtigen. Einerseits kann das Boot auf festem Kurs gefahren werden, was ein ständiges Anpassen der Spinnakerstellung zum Wind erfordert, oder man kann anderseits die Stellung des Spinnakers festhalten und somit die Winddrehungen mit ständiger Anpassung der Kursrichtung berücksichtigen.

Im ersten Fall muß der Spinnaker stets mit Hilfe des Achterholers und der Spinnakerschot dem veränderlichen Wind angepaßt werden. Fällt der Wind etwas achterlicher ein, so müssen die Schot leicht gefiert und der Achterholer ein wenig angeholt werden. Wenn der Wind raumer einfällt, verfährt man umgekehrt. In der Regel wird man zuerst mit der Spinnakerschot reagieren, erst später, wenn es sich als notwendig erweist, oder wenn die

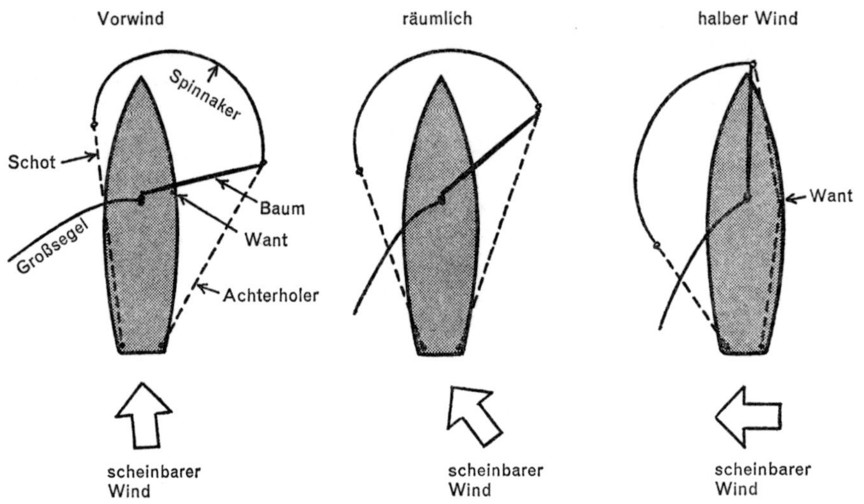

Abb. 48. Stellung des Spinnakerbaumes

147
135

◁ Spinnaker-Einsatz auf dem Raumschotkurs. Entsprechend geschnitten und richtig getrimmt, kann der Spinnaker oft auch noch bei halbem Wind vorteilhaft gesegelt werden.

Winddrehung beständigeren Charakter hat, wird man die Stellung des Achterholers neu einstellen.

Die zweite Methode erfordert viel Aufmerksamkeit des Steuermanns. Er muß den Spinnaker ständig beobachten und auf die ersten Zeichen eines Zusammenfallens achten. Das erste Anzeichen ist jeweils das leichte Einbrechen der Anschnittkante. Es ist dann wichtig, zu wissen, in welcher Richtung der Kurs des Bootes geändert werden muß. Der Spinnaker kann nämlich zusammenfallen, weil das Boot zu stark abgefallen ist und der Spinnaker durch das Großsegel abgedeckt wird, oder dadurch, daß das Boot zu hoch anliegt. Der abgedeckte Spinnaker wird in der Regel gesamthaft zusammenfallen, wohingegen der zu hoch gesegelte Spinnaker in der Regel nur an der Anschnittkante entlang einfällt.

In Abb. 52 sind die beiden Verfahren dargestellt. Bei Boot A fällt der Wind genau achterlich ein, so daß der Spinnaker durch das dichtgeholte Großsegel abgedeckt wird. Der Steuermann muß also sofort anluven, damit der Spinnakerbaum wieder senkrecht zur Windrichtung steht. Bei Boot B ist der Spinnaker wegen zu hohen Anliegens eingefallen. Der Winkel zwischen Spinnakerbaum und scheinbarer Windrichtung ist

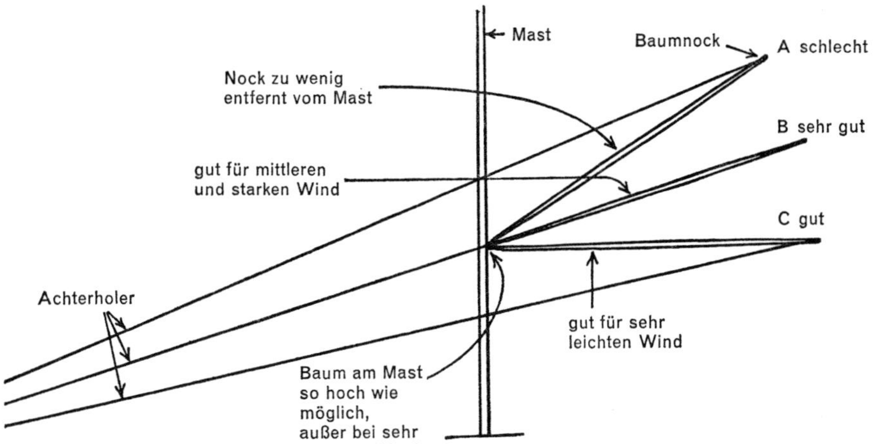

Abb. 49. Höhenlage des Spinnakerbaumes
(Hals und Schothorn des Spinnakerbaumes sollten etwa gleich hoch liegen)

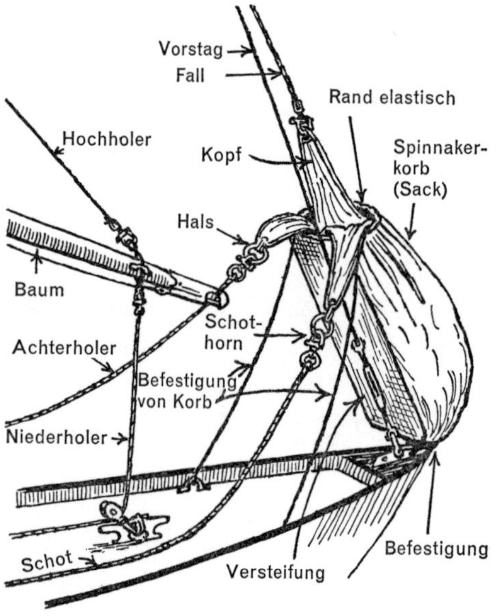

Abb. 50. Spinnakerkorb

Beachte: Damit das Segel beim Vorheißen sofort klarkommt, muß es sorgfältig und seitenrichtig im Korb verstaut werden

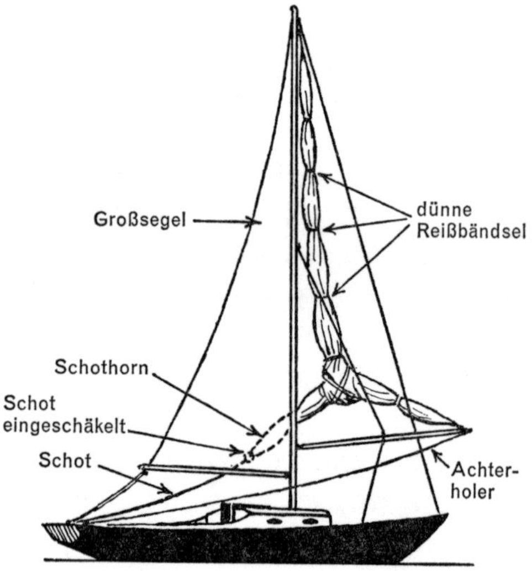

Abb. 51. Spinnaker mit Reißbändseln

Mit den Schoten wird der Spinnaker ausgebrochen

wesentlich größer als 90°. Der Steuermann sollte leicht abfallen, damit sich der Spinnaker wieder füllen kann.

Falls Steuermann und Mannschaft auf einem Boot sehr gut eingespielt sind, können die beiden Methoden selbstverständlich kombiniert zur Anwendung gelangen. Entsprechend den Erfordernissen von Wind, Wellen und Kursrichtung werden die Stellung des Achterholers und der Schot sowie der Kurs ständig angepaßt.

Ein großer Vorteil der modernen symmetrischen Spinnaker ist die einfache Handhabung beim sogenannten *Schiften.* Unter Schiften versteht man eine spezielle Art des Halsemanövers. Die Position der Segel wird von der einen Seite auf die andere zwar gewechselt, aber damit ist nur eine sehr geringe Änderung der Kursrichtung verbunden. Dadurch, daß nicht nur der Spinnaker selbst, sondern auch der Spinnakerbaum und die Führung

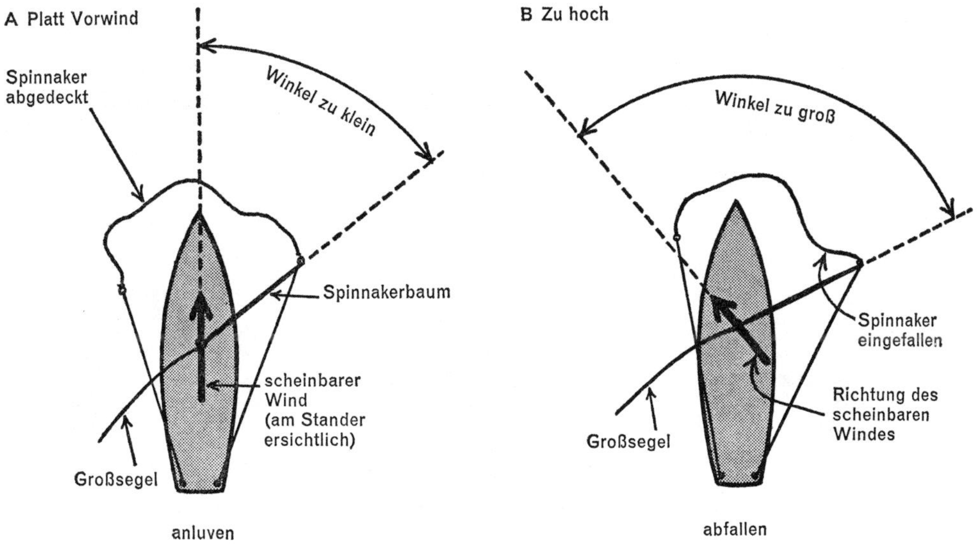

Abb. 52. Steuern unter Spinnaker

der Schoten symmetrisch sind, wird dieses Manöver sehr erleichtert. Es ist in Abb. 53 dargestellt.

Position A zeigt die Vorbereitung des Manövers. Der Hochholer wird so weit gefiert, daß der Vorschotmann den Spinnakerbaum bequem halten kann. Der Spinnakerbaum wird am Mast aufgehakt und dann in Position B während des eigentlichen Schiftens in die Spinnakerschot eingehakt. Wenn in dieser Position der Großbaum herübergeschwungen wird, ist der Spinnaker also genau symmetrisch geschotet. In Position C wird der Spinnakerbaum aus dem ehemaligen Achterholer ausgehakt und wieder am Mastbeschlag eingehakt.

Um den Spinnaker zu *bergen**, wird zuerst der Achterholer so weit gefiert, daß der Spinnakerbaum am Vorstag anliegt. Dann wird der Hals vom Achterholer gelöst. Dies sollte, wenn möglich, platt Vorwind geschehen, so daß der Spinnaker darauf durch das

* *Bergen:* Ein Segel niederholen und festzurren oder verstauen.

Großsegel abgedeckt wird und zusammenfällt. Dann nimmt man die Schot dicht und holt das Segel im Lee ein bei gleichzeitigem Fieren des Spinnakerfalls. Dabei ist zu beachten, daß das Spinnakerfall nicht schneller gefiert wird, als die Mannschaft in der Lage ist, unten das Segel einzuholen. Falls sich ein Teil des Spinnakers im Rigg vertörnt oder vom Wasser ergriffen wird, ist es schwierig, das Segel ohne Schaden wieder klar zu bekommen und vollständig zu bergen.

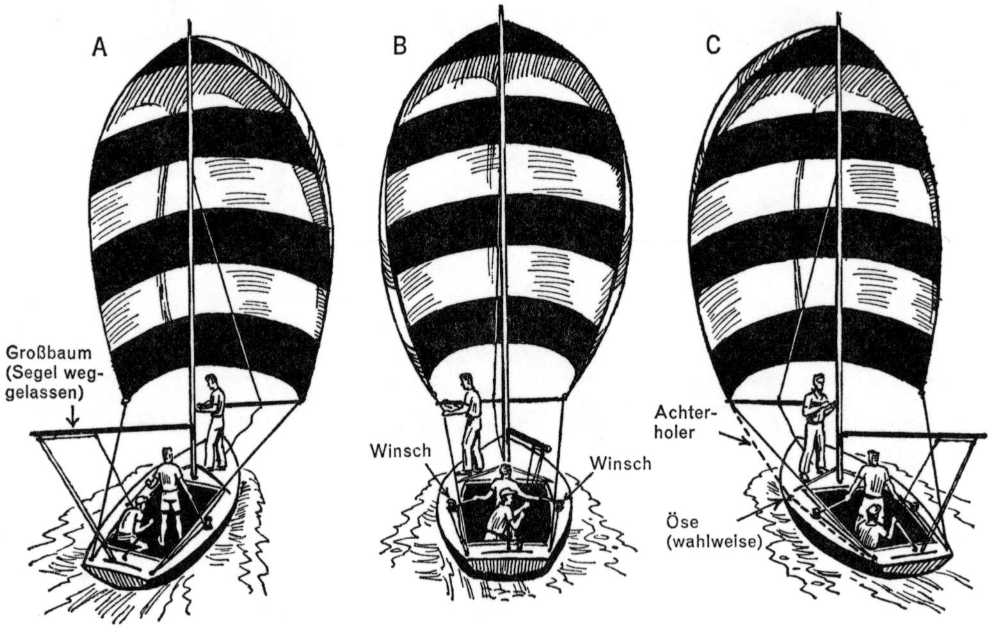

Hochholer und Achterholer leicht fieren. Spinnakerbaum am Mast aushaken

Schot leicht fieren. Baum in Schot einhaken. In dieser Position ist alles symmetrisch, das Boot platt Vorwind. Halsen des Großsegels

Baum aus dem ehemaligen Achterholer aushaken und am Mast einhaken.
Schot, Achterholer und Hochholer entsprechend Kurs trimmen

Abb. 53. Schiften (Halsen) des Spinnakers

Nach diesen Ausführungen wird kaum jemand behaupten, daß er bereits ein Experte in der Bedienung eines Spinnakers sei. Insbesondere das aerodynamische Problem des günstigsten Schnittes des Spinnakers für verschiedene Windrichtungen ist außerordentlich kompliziert und wird von den Fachleuten immer wieder diskutiert und untersucht. Abb. 54 zeigt, daß die Wirkung des Spinnakers nicht einfach darauf beruhen kann, einen möglichst großen Widerstand gegen den Wind zu erzeugen. Man ist sich heute darin einig, daß beim Spinnaker genau wie bei den Amwindsegeln die beste Wirkung dann erzielt wird, wenn der Wind die Segel möglichst flüssig umströmen kann. Abb. 54A zeigt einen gutgeschnittenen sogenannten breitschultrigen Spinnaker; bei B handelt es sich um einen sogenannten Kugelspinnaker, bei dem der Abfluß des Windes offensichtlich wesentlich schlechter ist.

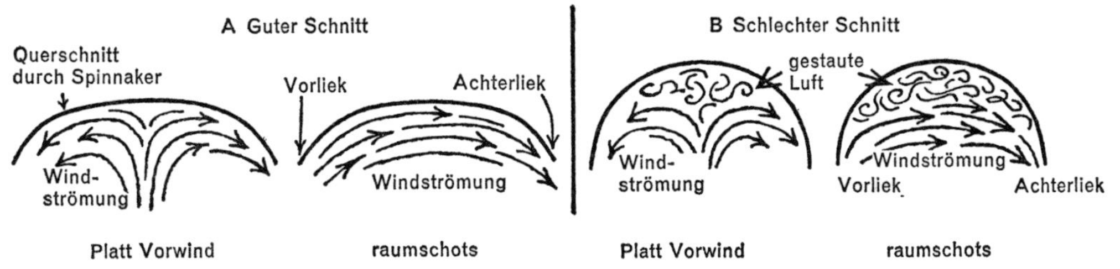

Abb. 54. Spinnaker-Schnitt

9. Häfen, Bojen und Anker

In den beiden vorangehenden Kapiteln wurde besprochen, wie man ein Boot auf offener See handhabt. In diesem Kapitel soll davon die Rede sein, wie ein Boot in der Nähe des Ufers gesteuert werden muß und wie es am Ufer festgemacht oder belegt wird.

Trockenliegeplätze

Je nach der Größe des Bootes und den vorhandenen Anlagen wird es entweder an einer *Boje* befestigt, an einem Steg festgemacht oder – bei leichten Booten über eine schräge Aufzugsrampe, bei schwereren Booten mit einem Kran – vollkommen aus dem Wasser gezogen. Es gibt viele Gründe für die letztgenannte Lösung. Erstens wird das Boot an Land durch Wellen und Wind weniger beschädigt. Zweitens benötigen alle Boote, die länger im Wasser liegen, einen speziellen Anstrich des Unterwasserteils, weil schon nach kurzer Zeit Algen und Muscheln sich am *Unterwasser* des Bootes festzusetzen beginnen. Boote, die längere Zeit ständig im Wasser sind, benötigen daher mehr Unterhaltsarbeiten am Unterwasser. Drittens sind viele Boote, besonders Holzboote, empfindlich gegen die Aufnahme von Wasser. Aber nicht nur Holzboote, sondern auch andere Konstruk-

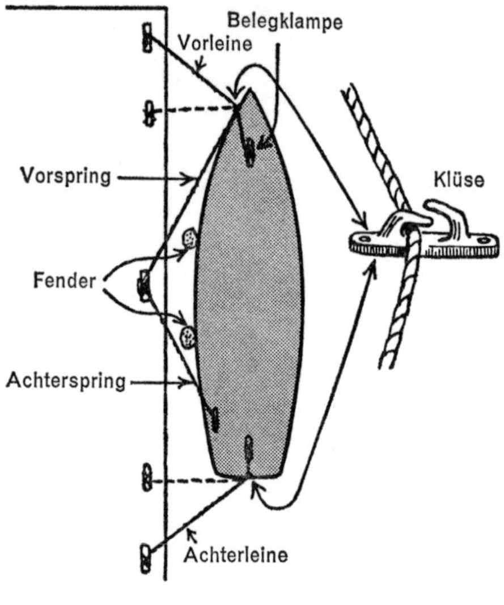

Abb. 55. Belegleinen

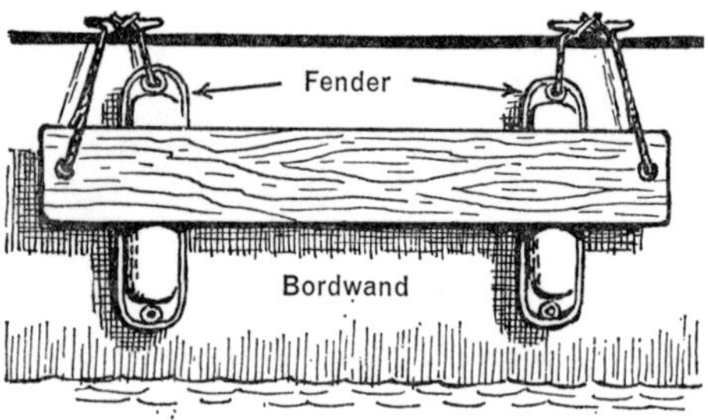

Abb. 56. Fenderbrett

tionen haben eine längere Lebensdauer, wenn sie nicht ständig im Wasser, namentlich im Salzwasser, bleiben müssen.
Vor allem leichte Jollen werden heute, wenn irgendwie möglich, nach dem Segeln aus dem Wasser gezogen. Wenn man zusätzlich noch eine wasserdichte Decke, eine sogenannte Persenning, darüberlegt, ist das Boot vollkommen geschützt. Regattaboote werden in der Regel nicht nur aus dem Wasser gezogen, sondern normalerweise gerade auf dem betreffenden Automobilanhänger, dem *Trailer,* deponiert. Solche Boote sind oft überhaupt nur während der Regatta im Wasser und werden nachher sofort wieder an Land gezogen.
Größere Boote müssen in der Regel selbstverständlich im Wasser gelassen werden, da nur wenige Anlagen über große Krane und den nötigen Platz verfügen.

Hafenanlagen

Vielerorts werden die Boote in Häfen an langen Stegen festgemacht. Dies muß aber fachgemäß und mit Vorsicht erfolgen, damit keine Schäden entstehen. Abb. 55 skizziert, wie ein Boot normalerweise an einer Hafenmauer belegt wird. Am Bug und am Heck des Bootes wird je eine *Vor-* und eine *Achterleine* befestigt. Diese Leinen sollen an der Reling des Bootes durch eine sogenannte *Klüse* geführt werden, wie es Abb. 55 zeigt. Dabei muß man berücksichtigen, in welcher Phase der Gezeiten man sich zur Zeit befindet. Ist ein Ansteigen durch Flut oder ein Absinken durch Ebbe zu erwarten, müssen die Leinen entsprechend lose festgemacht werden.
Zwischen dem Boot und der Hafenmauer sind sogenannte *Fender* anzubringen, welche die Beschädigung des Bootskörpers durch Scheuern verhindern sollen. In extrem ungünstigen Fällen muß an der Hafenmauer zusätzlich ein sogenanntes Fenderbrett angeordnet werden (Abb. 56).
Will man an einer Hafenmauer oder einem Steg anlegen, bedarf es großer Vorsicht und Vorausplanung. Ausgenommen den Fall, daß man eine sehr starke Strömung mit berücksichtigen muß, sollte ein Steg nur von Lee aus angesteuert werden. Im Augenblick des Anlegens kann dann das Boot genau in den Wind gesteuert werden, so daß kein Druck auf den Segeln steht. Man soll auch darum besorgt sein, daß sich im Moment, in dem das Boot genau im Wind liegt und Fahrt verliert, vor dem Bug kein Hindernis befindet. Sollte noch zuviel Fahrt im Boot sein, kann man sich wieder vom Steg entfernen und das Anlegemanöver neu beginnen. Falls die Windrichtung eine Annäherung von

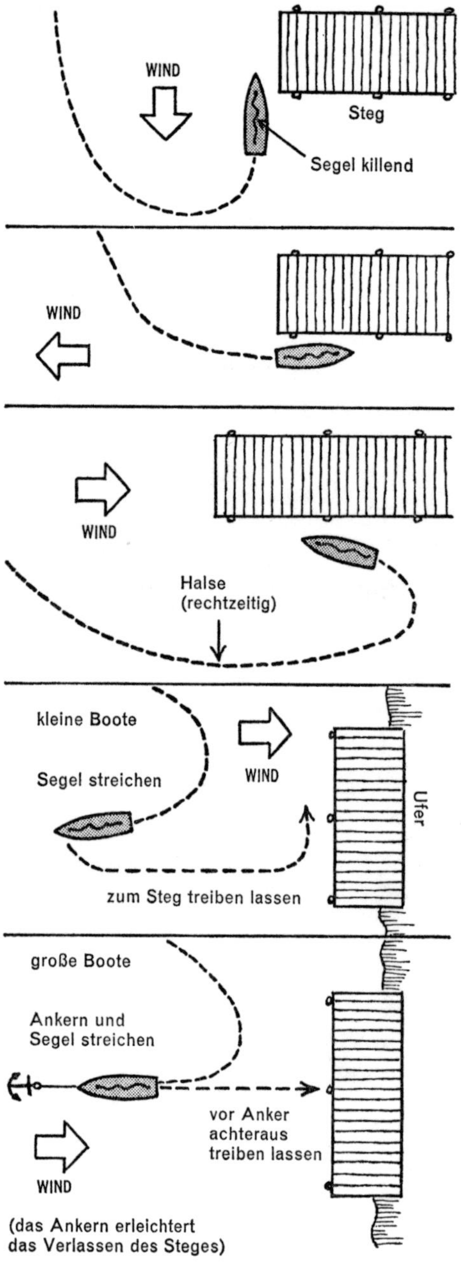

Abb. 57. Anlegen an einen Steg

Lee her unmöglich macht, gibt es zwei Möglichkeiten, die in Abb. 57 festgehalten sind. Kleinere Boote werden vor dem Steg in den Wind schießen und die Segel streichen. Dann können sie sich gegen den Steg treiben lassen und dort festmachen. Für größere Boote wird dies nicht möglich sein, so daß sie in den Wind schießen und Anker werfen müssen; vor Anker können sie sich durch Fieren der Ankerleine dem Steg nähern.
Wenn ein Boot gegen den Wind *aufschießt* oder einen *Aufschießer* macht, kann dies auf verschiedene Weise geschehen. Das Boot kann langsam drehen, so daß es seine Geschwindigkeit möglichst lange behält. Es kann die Drehung aber auch sehr brüsk ausführen, so daß es schnell abgebremst wird. Selbstverständlich hängt diese Bewegung auch mit dem Gewicht des Bootes zusammen. Ein leichtes Boot wird schnell an Fahrt verlieren, wohingegen ein sehr schweres Boot seine Geschwindigkeit nur langsam abbremst. Um Anlegemanöver korrekt ausführen zu können, muß ein Steuermann sein Boot genau kennen.
Falls es notwendig sein sollte, einmal genau an eine bestimmte Stelle gegen einen Steg zu segeln, das heißt aufzuschießen, muß man dieses Manöver sehr sorgfältig ausführen. Da es sehr schwierig ist, abzuschätzen oder zu wissen, wieviel Weg ein Boot nach dem Aufschießen noch zurücklegt, sollte bereits vor dem eigentlichen Anlegemanöver möglichst viel Fahrt aus dem Boot weggenommen werden. Dies geschieht durch Killenlassen der Segel, ohne daß die Kursrichtung stark geändert würde. Wenn man sich so dem Ziel langsam nähert, ist es viel einfacher, im letzten Moment durch Aufschießen die restliche Fahrt noch abzubremsen. Diese Methode hat auch den großen Vorteil, daß das Boot steuerfähig bleibt, wenn man während des Anlegemanövers die Unmöglichkeit einer Landung feststellt. Man kann auf die gewünschte Seite hin abfallen und wieder Fahrt aufnehmen. Auch wenn ein solches Anlegemanöver noch so perfekt ausgeführt wird, ist es notwendig, daß ein Mitglied der Mannschaft sich auf dem Bug des Bootes befindet. Notfalls kann der auf dem Bug Sitzende das Boot mit den Beinen im letzten Augenblick noch vollständig abbremsen, jedenfalls hält er die für das Belegen notwendige Leine bereits in der Hand.
Beim Ablegen von einem Steg soll man zuerst versuchen, das Boot so zu bewegen, daß es im Wind steht. In dieser Position können dann die Segel gesetzt werden. Wie in Abb. 58 beschrieben, kann dann das Boot, rückwärts treibend, mit richtiger Ruderstellung und Backholen der Fock in die gewünschte Richtung gedreht werden und nach dem Abfallen Fahrt aufnehmen. Im ungünstigeren Fall, wenn der Wind gegen das Land oder

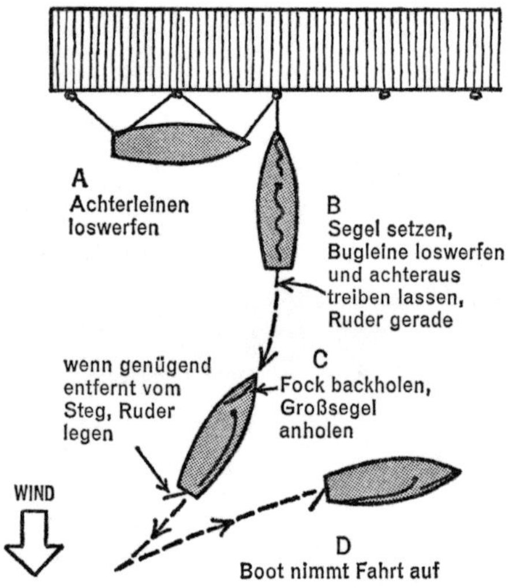

Abb. 58. Ablegen von einem Steg

den Steg weht, wird es notwendig sein, das Boot mit irgendeiner Hilfe vom Land wegzubringen. Dies kann geschehen durch Paddeln, mit dem Motor oder durch Aussetzen eines Ankers. Erst wenn das Boot einigermaßen vom Ufer weggebracht worden ist und mit dem Bug gegen den Wind steht, können die Segel gesetzt werden.
Da in den meisten Häfen wenig Platz zum Manövrieren vorhanden ist, ist es ratsam, daß sich ein Mitglied der Crew vorn auf dem Bug bereithält, beim Ablegen oder während der Manöver im Hafen das Boot in die richtige Richtung zu stoßen. Wenn man nahe an belegten oder verankerten Booten vorbeisegeln muß, soll stets darauf geachtet werden, daß der ausgefierte Großbaum und die Großschoten sich nicht daran vertörnen oder an Pfählen hängenbleiben.

Bojen und Anker

Obwohl das Belegen von Booten an Stegen direkt am Land manche Vorteile aufweist, ziehen es viele Segler vor, ihre Boote an Bojen zu verankern. An Bojen sind Boote für Unbefugte weniger zugänglich. Außerdem kann man von einer Boje besser ablegen, und drittens ist das Belegen mit einer Trosse über den Bug einfacher und vermindert die

Gefahr einer Beschädigung des Bootes. Ein Boot an einer Boje stellt sich immer entsprechend der Windrichtung ein, so daß der Regen auf Lukendeckel und *Lüfter* immer nur von vorn einfällt. Damit wird es viel einfacher, für die notwendige Durchlüftung des Bootes zu sorgen, ohne daß man befürchten muß, bei Änderung der Windrichtung dringe Wasser ein.

Abb. 59 zeigt die Teile einer Bojenverankerung: den *Schwimmer,* der zum Auffischen der Belegtrosse dient, die *Belegtrosse,* die an der Boje befestigt ist, die Boje, ein Stück leichtere Kette – mit der nachfolgenden schwereren Kette durch einen *Wirbelschäkel* verbunden – und den Ankerkörper. Für die dauernde Verankerung auf dem Seegrund eignen sich, wie Abb. 59 zeigt, der *Pilzanker* oder schwere Betonklötze. Es gibt die verschiedensten Formen von Bojen. Man achte aber stets darauf, daß mittels irgendeiner Fenderung ein Beschädigen des Bootes an der Boje verhindert wird. Bei der Verbindung der einzelnen Teile der Verankerung muß man darauf achten, daß die Schäkel stets mit einem Draht gesichert werden.

Damit die Belegtrosse am Boot sicher befestigt werden kann, ist auf Deck eine starke Belegklampe angebracht. Die Belegtrosse muß außerdem am Bug durch eine Klüse geführt werden, an welcher Stelle sie durch eine Ummantelung vor dem Durchscheuern geschützt werden soll. Mit der dargestellten Methode ist ein Boot sicher verankert, auch bei Sturm und hohem Wellengang.

Abb. 60 zeigt die verschiedenen *Anker* für die nicht permanente Verankerung von Booten. Jedes Segelboot sollte mindestens einen für kurzfristige Verankerung geeigneten Anker an Bord haben, größere Kreuzer verfügen in der Regel über einen leichteren und einen schwereren. Die meisten Anker sind so konstruiert, daß sie sich in irgendeiner Weise festhaken, wenn sie entlang dem Grund des Gewässers gezogen werden.

Die Eignung einzelner Ankertypen hängt von der unterschiedlichen Beschaffenheit des Seegrundes ab. Dennoch kann man grundsätzlich sagen, daß die Verankerungskraft in erster Linie von zwei Faktoren bestimmt wird: vom Gewicht des Ankers und von der Länge der *Ankerleine* oder *Ankerkette.*

Je schwerer das Gewicht des Ankers und je länger die Leine, desto größer ist die mögliche Kraft, die der Anker halten kann. Die Länge der *Ankertrosse* sollte ungefähr das Sechsfache der betreffenden Wassertiefe betragen, allermindestens jedoch das Dreifache. Selbstverständlich ist es oft schwierig, diese sechsfache Länge auszubringen, erstens, weil man bei größeren Wassertiefen auf einem Boot oft nicht über genügend lange Trossen

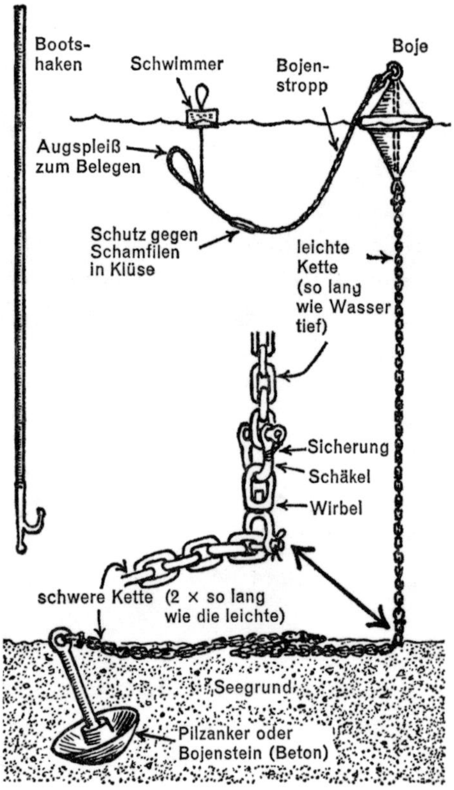

Abb. 59. Verankerung (Bojengeschirr)

Alle Schraubenschäkel müssen mit Draht gesichert werden

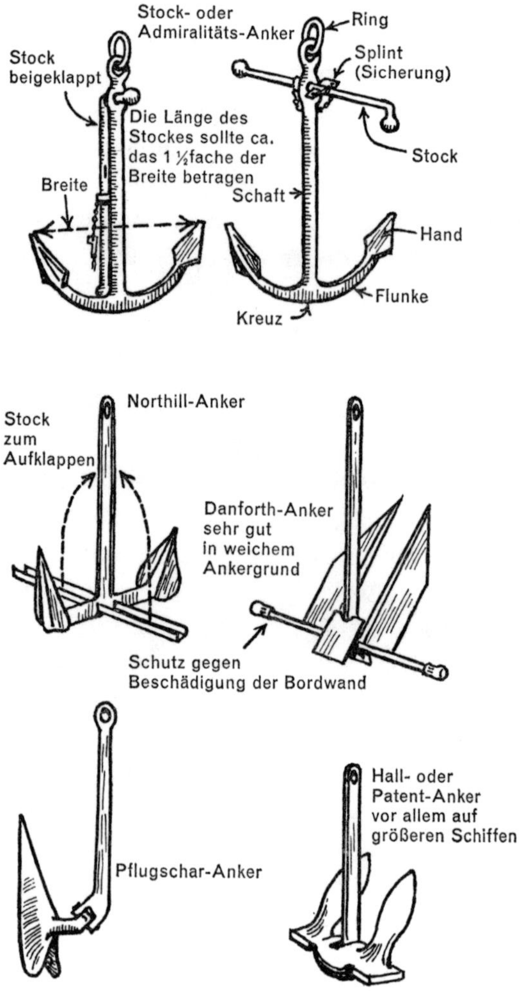

Abb. 60. Ankertypen

oder Ketten verfügt, und zweitens, weil das verankerte Boot genügend Platz haben muß, um in Winddrehungen *hin und her schwojen* zu können. In stark besetzten Häfen oder an gut besuchten Ankerplätzen wird es schwierig sein, zwischen den andern Booten so viel Platz zu beanspruchen. Es ist demnach von Vorteil, die kleineren Boote näher am Ufer, in geringerer Wassertiefe zu verankern, so daß sie weniger Platz brauchen. Die größeren Yachten ankern bei größerer Wassertiefe weiter vom Ufer entfernt, wo sie über den nötigen Platz zum Schwojen verfügen. Größere Yachten, die in der Regel über eine Ankerkette verfügen, können oft auch mit etwas weniger Kettenlänge auskommen, da wegen des größeren Gewichts der Kette mehr Durchhang entsteht; der Anker gräbt sich daher sicherer ein.

Länge der Ankertrosse möglichst 6fache Wassertiefe. Je größer der Durchhang der Kette oder Trosse, desto sicherer hält der Anker. Schwere Ketten sind deshalb sicherer als leichte Ankerleinen

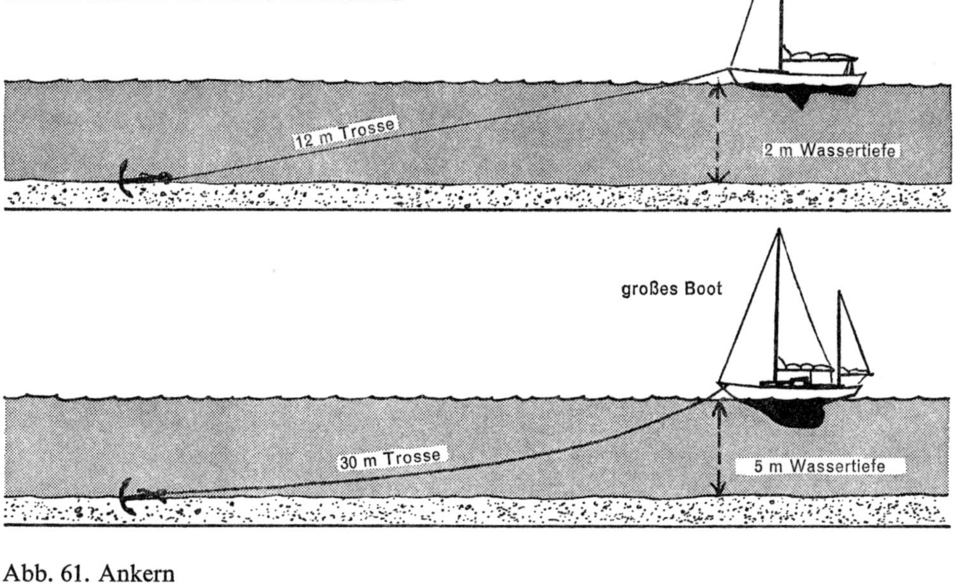

Abb. 61. Ankern

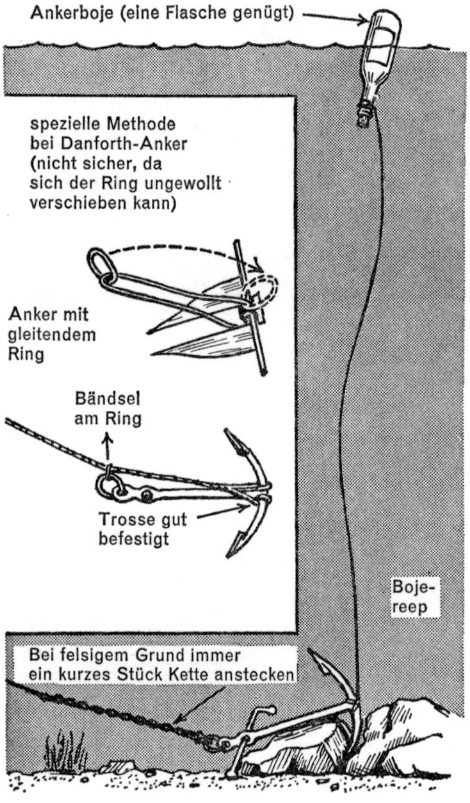

Abb. 62. Bojereep

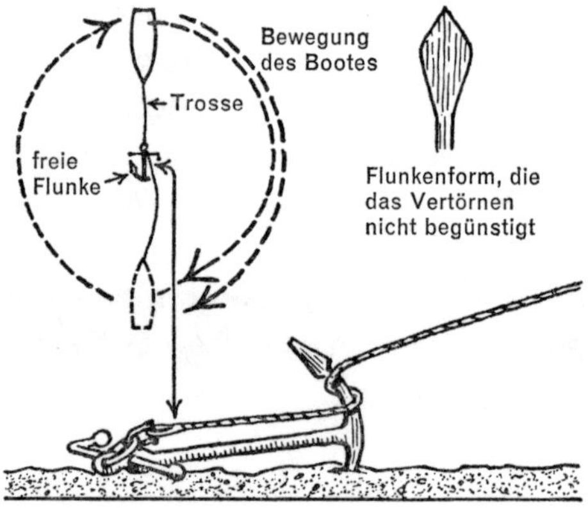

Abb. 63. Ankertrosse vertörnt

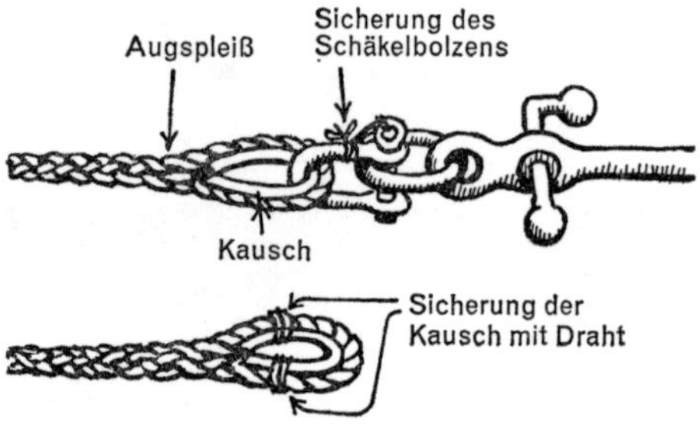

Abb. 64. Anschäkeln der Trosse

Es gibt verschiedene Regeln, nach denen man das notwendige Gewicht eines Ankers bestimmen kann. Es ist abhängig von der Länge des Bootes, vom Bootsgewicht und von den betreffenden Seegrundverhältnissen. Es empfiehlt sich, die Größenordnung des erforderlichen Ankergewichts mit der folgenden einfachen Faustregel zu bestimmen: Das Gewicht des Ankers sollte in Kilogramm ungefähr das Ein- bis Zweifache der Länge des Bootes in Metern betragen. Ein Boot von insgesamt 10 Meter Länge sollte demnach über einen Anker von mindestens 10 Kilogramm Gewicht verfügen, besser aber von 20. Für

permanente Verankerung empfiehlt es sich, mindestens das Zehnfache der angegebenen Gewichte zu verwenden.
Wenn also die Art und die Größe des Ankers und die Länge der Ankertrosse oder Kette bestimmt werden sollen, sind die folgenden Faktoren zu berücksichtigen: das Gewicht des Bootes, seine Länge, der Widerstand, den die Silhouette des Bootes dem Wind entgegenstellt, die Höhe der Gezeiten oder die Strömung im betreffenden Gebiet, die Tatsache, ob das betreffende Ankergelände dem Wind und den Wellen stark ausgesetzt, oder ob es allenfalls durch Ufer oder Verbauungen geschützt ist, die Tiefe des Wassers an der betreffenden Ankerstelle und schließlich die Beschaffenheit des Seegrundes.
Alle Ankertypen graben sich bei Seekreide oder schlammigem Grund in der Regel sehr leicht ein und halten gut. Bei sandigen Böden oder härter gelagerten Ton- oder Lehmböden bereitet das Eingraben mehr Mühe. Besonders schwierig wird die Verankerung bei steinigem oder felsigem Seegrund; es dauert dann oft lange, bis sich die *Flunken* zwischen zwei größeren Felsbrocken eingehakt haben. Dann kann es aber vorkommen, daß der Anker nur sehr schlecht wieder *ausgebrochen* werden kann. Es empfiehlt sich – vgl. Abb. 62 –, in solchen Fällen eine Leine am Anker zu befestigen, mit der das Lösen aus felsigem Grund besser bewerkstelligt werden kann.
Wenn ein Boot länger am betreffenden Ort verankert ist und bei Winddrehungen mehrmals rundherum schwojen kann, besteht die Möglichkeit, daß sich die Ankertrosse in der nicht eingegrabenen Flunke vertörnt und daß damit die Wirkung der Verankerung beeinträchtigt wird (siehe Abb. 63).
Es ist von Vorteil, wenn man auf einem Boot über zwei verschiedene Ankertrossen verfügt: eine leichte, kürzere für die Verwendung in Häfen und für kurzfristiges Ankern sowie eine längere, gewichtigere für die Verankerung bei schwerem Wetter und grober See oder in sehr tiefen Gewässern. Die Ankertrosse kann am Anker mit einem *Röhringstek* (siehe 10. Kapitel) angeschlagen werden. Sicherer und besser gegen Schamfilen geschützt ist die Befestigungsart entsprechend Abb. 64. Der *Tampen** der Ankertrosse ist mit einem *Augspleiß* versehen, mit einer *Kausch* verstärkt und mit einem gesicherten Schäkel am Anker befestigt.
Wenn man unter Segel vor Anker gehen will, muß man die folgenden Regeln berücksichtigen. Erstens muß der Anker vor dem Manöver klar gemacht werden, selbstverständlich

* *Tampen:* Ende einer Trosse oder Leine (siehe 10. Kapitel).

Moderne Rennjollen bei starkem Wind. Bei solchen Verhältnissen genügt eine kleine Unaufmerksamkeit zum Kentern. Die Mannschaft dürfte aber in der Lage sein, das Boot selbst wieder aufzurichten und weiter zu segeln. ▷

mit der Trosse verbunden sein, und die Trosse muß klar liegen zum Auslaufen. Dann muß man in den Wind schießen, so daß das Boot, wenn es seine Fahrt vollkommen verloren hat, ungefähr an jenem Ort steht, wo der Anker den Grund berühren soll. Im Augenblick, in dem das Boot beginnt, Fahrt über den Achtersteven zu machen, läßt man den Anker fallen. Falls man über einen Motor verfügt, ist es von Vorteil, diesen rückwärts laufen zu lassen. Dann wird entsprechend dem Rückwärtstreiben mehr und mehr Ankerkette oder Trosse *gesteckt* oder *ausgesteckt*. Dabei soll man, insbesondere bei Beginn, direkt über dem Anker nicht zuviel Kette ausstecken, damit sie sich im Anker nicht verfängt. Beim Rückwärtstreiben sollte immer eine ganz leichte Spannung auf der Trosse sein. Wenn genügend Länge ausgesteckt ist, wird das Auslaufen der Kette gebremst, so daß sich der Anker mit zunehmendem Zug im Seegrund eingräbt.

Ob der Anker hält oder nicht, kann in erster Linie anhand der Spannung der Trosse und der Stellung des Bootes im Wind festgestellt werden. Damit man jedoch ganz sicher ist, daß das Boot nicht achteraus treibt, ist es oft notwendig, zu peilen oder neben dem Boot eine kleine Boje zu verankern. Erst wenn man sich vergewissert hat, daß der Anker hält, werden die Segel geborgen.

Um den Anker zu *lichten*, wird man zuerst so viel Kette oder Trosse einholen, bis das Boot senkrecht über dem Anker steht. Vorher muß selbstverständlich das Boot zum Segeln bereitgemacht oder der Motor angeworfen werden. Wenn dann die Trosse *auf und nieder steht,* wird durch kräftiges Anholen der Anker aus dem Grund ausgebrochen. Ist der Anker nur schwer auszubrechen, wird man mit einem Boot mit Hilfsmotor die Trosse belegen und langsam Fahrt voraus machen. Auf kleineren Booten kann man die Kraft zum Ausbrechen des Ankers dadurch vergrößern, daß die gesamte Mannschaft auf dem Bug Platz nimmt und die Trosse so steif wie möglich holt und belegt. Wenn sich die Mannschaft auf das Heck des Bootes verschiebt, kann der Anker, besonders in Verbindung mit einem gewissen Wellengang, leicht ausgebrochen werden.

Die Segel sollten nach Möglichkeit nur dann gesetzt werden, wenn ein Boot im Wind steht. Vor Wind ist es in der Regel überhaupt nicht oder nur sehr schwer möglich, ein Großsegel zu hissen. Außerdem besteht die Gefahr, daß es an den Wanten und der Saling beschädigt wird. Wie bereits gesagt, sollten daher die Segel vor dem Ankerlichten gesetzt werden. Es gibt allerdings Ausnahmefälle, in denen die Segel vor Wind gesetzt werden sollen. In Abb. 65 ist der Fall dargestellt, in dem Wind und ein starker Strom sich entgegenlaufen. Dann hisse man zuerst das Vorsegel, mit dem man dem Strom entgegen

505
D
3401

G 1014
I 42
H 404
G 356

◁ Ein Regattafeld von Finn-Dinghis vor dem Runden der Bahnmarke in Lee. Es handelt sich um einen der spannendsten Momente in einer Dreiecksregatta, werden doch hier die Ausgangspositionen für den entscheidenden nachfolgenden Kreuzkurs festgelegt.

über den Anker segeln kann. Wenn der Anker gelichtet ist, kann man anluven und, im Wind stehend, das Großsegel setzen. Wenn das Boot vorher an einem Steg befestigt war, muß es unter Vorsegel vor Wind genügend weit hinaussegeln, damit es während des Setzens des Großsegels durch den Strom nicht wieder auf den Steg zurückgetragen wird. Wenn man ein Boot gegen den Strom mit dem Wind verankern soll, verfährt man in umgekehrter Reihenfolge. Zuerst streicht man, in den Wind schießend, das Großsegel, dann wird man mit dem Vorsegel allein vor dem Wind gegen den Strom segeln, bis man die Boje oder den Steg erreicht hat. Dann wird das Vorsegel sofort auch gestrichen.

In engen Häfen und an Plätzen, an denen viele andere Boote in der Nähe belegt oder verankert sind, muß das Auslaufen sorgfältig geplant werden. Ein Boot soll erst losgeworfen werden, wenn es im Wind so geschwojt hat, daß man mit Sicherheit auf die gewünschte Seite abfallen kann. Ein solches Abfallen kann durch Backholen der Fock unterstützt werden. Wie im 7. Kapitel beschrieben, heißt backholen, daß das Vorsegel gegen die Luvseite dichtgeholt wird (siehe Abb. 34A).

Nachfolgend sollen noch einige Tips für das Manövrieren in engen oder überfüllten Häfen aufgeführt werden:

1. Solange sich das Boot frei bewegt, sollte man immer genügend Fahrt aufrechterhalten. Ein Boot, das stillsteht, ist nicht steuerbar und entgleitet damit der Kontrolle des Steuermanns.

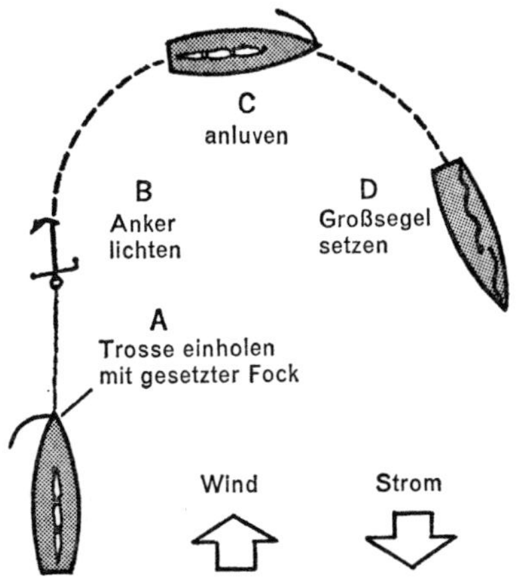

Abb. 65. Ankerlichten
Mit starkem Strom gegen den Wind

2. Der Steuermann soll wissen und muß dies vorher im freien Wasser üben, wie sich das Boot beim Aufschießen verhält.
3. Man muß berücksichtigen, daß beim Drehen des Bootes nicht nur der Bug sich seitlich bewegt, sondern auch das Heck. Damit eine scharfe Drehung ausgeführt werden kann, muß demnach auch am Heck genügend freier Raum zur Verfügung stehen.
4. Man soll nie mit *Vollzeug** in einen Hafen hineinfahren. Es empfiehlt sich, die Segel zu *kürzen**, jedoch so, daß das Boot gut ausbalanciert bleibt. Bei vielen Booten ist es ratsam, das Vorsegel zu bergen. Es gibt aber auch Boote, die ohne Vorsegel schlecht manövrieren, so daß es angezeigt ist, ein sehr kleines Vorsegel für die Hafenmanöver zu setzen (siehe Abb. 12).
5. Man soll nie zu nahe an verankerten Booten vorbeisegeln, um sich nicht mit Kiel oder Ruder in deren Ankertrosse zu vertörnen.
6. Man soll nie alle Segel bergen, bevor man mit Sicherheit einen Steg oder eine Boje fassen kann.
7. Falls man dennoch einmal zuviel Fahrt im Boot haben sollte, kann man das Großsegel, wie in Abb. 34B gezeigt, durch Hinausdrücken backholen und so das Boot abbremsen.

Verlassen des Bootes

Ein Boot während kürzerer oder längerer Zeit an einer Boje oder einem Steg sich selbst zu überlassen, erfordert ebensoviel seemännische Kenntnisse und Sorgfalt wie das Segeln eines Bootes. Ein richtiger Skipper hat so viel Verständnis oder vielleicht sogar Liebe für sein Boot, daß er es niemals in unordentlichem oder schlecht belegtem Zustand zurücklassen würde.
Nachdem man an einer Boje oder an einem Steg festgemacht hat, wird man in der Regel die Segel bergen, zuerst die achtern stehenden Segel und zuletzt die vordersten. Wenn die Segel nicht abgeschlagen und in einem Segelsack verstaut werden, sollten sie, wie im 5. Kapitel beschrieben, am Baum festgezurrt und mit einer Persenning geschützt werden. Bevor man ein Boot verläßt, soll es sauber aufgeräumt werden. Keine Schoten, sondern höchstens die korrekt angebrachten Fender sollen über Bord hängen. Die Pinne darf nicht frei herumschwingen können, sondern soll mit einer speziellen Leine festgezurrt sein. Insbesondere bei Holzbooten empfiehlt es sich, die Bilge einwandfrei zu trocknen.

* *Vollzeug:* Alle Segel gesetzt.
* *Segel kürzen:* Verkleinern der Segelfläche durch Reffen oder Bergen einzelner Segel.

In der nachfolgenden Liste wird zusammengefaßt, woran beim Verlassen des Bootes zu denken ist:

1. Die Belegtrossen sollen sicher am Steg und am Boot befestigt sein, und die notwendigen Fender sollen angebracht werden. Dort, wo die Leinen durch Schamfilen beschädigt werden können, müssen sie speziell geschützt werden. Gemäß Abb. 66 geschieht dies am besten durch Überziehen von Plastikschläuchen. Bei Verankerung an einer Boje soll der *Bojenstropp** nicht einfach nur über die Belegklampe am Bug gelegt werden. Es empfiehlt sich vielmehr, den Stropp an der Klampe mit einer Sicherungsleine zu sichern.

* *Stropp:* Kurze, starke Trosse mit Augspleiß (Schlaufe), siehe 10. Kapitel.

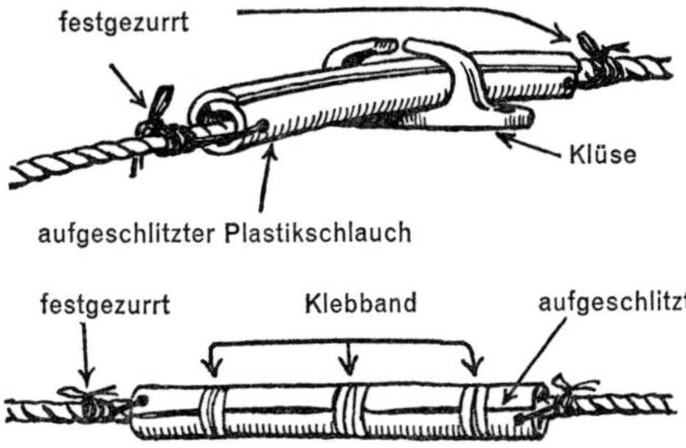

Abb. 66. Schutz gegen Schamfilen

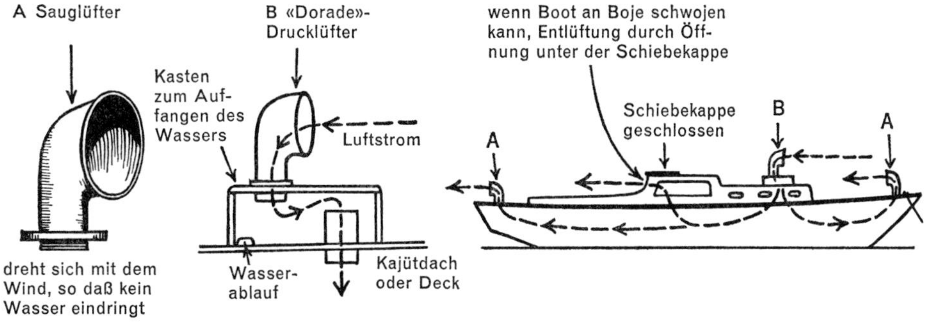

Abb. 67. Lüfter

2. Die Segel sollen, wie bereits besprochen, nicht einfach im Cockpit liegengelassen werden.
3. Die Bilge soll leergepumpt werden. Bei Booten mit selbstlenzendem Cockpit sorgt man dafür, daß die Abläufe sicher funktionieren.
4. Man treffe Vorkehrungen, daß trotz des Schließens der Luken oder des Deckens des Bootes mit einer Persenning für genügend Lüftung gesorgt ist. Bei größeren Yachten ist in der Regel für genügend Lüftung dadurch gesorgt, daß spezielle permanente Lüfter (vgl. Abb. 67) angebracht sind.
5. Das laufende Gut soll unter leichter Spannung belegt sein und *aufgeschossen,* wie im nächsten Kapitel dargestellt wird. Die Falle sollten mit Bändseln vom Mast weggehalten werden, damit sie im Wind nicht ständig an den Mast schlagen. Besonders bei Aluminiummasten entsteht dabei ein unangenehmer Lärm.
6. Die Ruderpinne soll belegt sein. Bei kleinen Booten soll das ganze Ruder weggenommen und im Cockpit versorgt werden. Bei Jollen soll das Schwert vollkommen hochgeholt sein. Dies hat erstens zu geschehen, weil das Boot in jeder Bö der Windrichtung schnell folgen soll; leichte Jollen können sonst in drehenden Böen kentern. Zweitens wird das Schwert im hochgeholten Zustand weniger beansprucht und auch nicht von Algenwuchs befallen.
7. Alles, was im Boot herumpurzeln könnte, soll sauber verstaut werden. Größere Gegenstände werden einwandfrei festgezurrt. Man schließe den Brennstofftank. Es ist auch wichtig, zu kontrollieren, ob die vorderen Lukendeckel dicht sind. Wenn bei starkem Wind und hohen Wellen viel Wasser über den Bug weggeht, könnte ein Boot sonst mit der Zeit vollaufen und sinken.

10. Knoten und Spleißen

Tauwerk

Das Tauwerk spielt auf einem Segelboot offensichtlich eine entscheidende Rolle. Überall auf dem Boot und bei jedem Handgriff ist es in irgendeiner Form mit im Spiel. Jeder Anfänger sollte sich daher mit den Grundbegriffen über Herstellung und Verwendung der verschiedenen Arten von Tauwerk vertraut machen. Insbesondere sollte er lernen, die wichtigsten *Knoten* schnell und sicher auszuführen.

Unter dem Begriff Tauwerk, der allerdings an Bord praktisch nicht verwendet wird, versteht man alle Arten von gedrehtem oder geflochtenem Hanf-, Baumwoll-, Kunststoff- oder Drahtmaterial. Die an Bord gebräuchlichere Bezeichnung für das, was man allgemein Seil nennen würde, ist *Ende,* und das, was allgemein das Ende eines Seiles heißen würde, nennt man seemännisch *Tampen,* also Tampen eines Endes. Ein Ende, mit dem man ein Boot an einem Steg oder an einer Boje festmacht, heißt *Belegtrosse* oder *Stropp.* Die Bezeichnung Trosse wird in der Regel für eine schwerere Ausführung gebraucht, leichteres Material wird eher Leine genannt.

Früher waren die verwendeten Materialien in erster Linie Manila- und Sisalhanf, in der Regel gedreht, und Baumwolle, gedreht oder geflochten. Heute jedoch finden im allgemeinen Kunststoffmaterialien Verwendung, da sie größere Festigkeit aufweisen und wesentlich weniger oder überhaupt nicht empfindlich sind auf Feuchtigkeit. Nylon eignet sich dank seiner Festigkeit und großen Elastizität vor allem für Ankertrossen und Belegleinen, wohingegen Dacron oder Terylene wesentlich weniger elastisch sind und sich damit vor allem für Schoten eignen.

Ein gedrehtes oder besser *geschlagenes* Ende wird so gefertigt, daß zuerst aus den Fasern sogenannte *Garne* hergestellt werden. Aus den Garnen werden die *Kardeelen* eines Endes gedreht, mit drei bis sechs Kardeelen wird dann das Ende geschlagen. Die moderneren Kunststoffleinen werden in der Regel geflochten. Im Moment nicht benötigte Enden werden *aufgeschossen.* Dabei muß man, wie Abb. 68 zeigt, darauf achten, daß rechtsgeschlagenes Tauwerk im Uhrzeigersinn aufgeschossen wird. Wenn man ein Ende in der falschen Richtung aufschießt, verdreht es sich, das heißt, die einzelnen *Buchten* kommen nicht sauber aufeinander zu liegen, es entstehen sogenannte *Törns* oder *Kinken.*

In Abb. 68 ist ebenfalls dargestellt, wie man den restlichen Teil eines Falls aufschießt und an Belegklampen anhängt. Daß nicht benötigte Enden und Tampen aufgeschossen werden, ist nicht nur aus ästhetischen Gründen erwünscht, sondern ein Erfor-

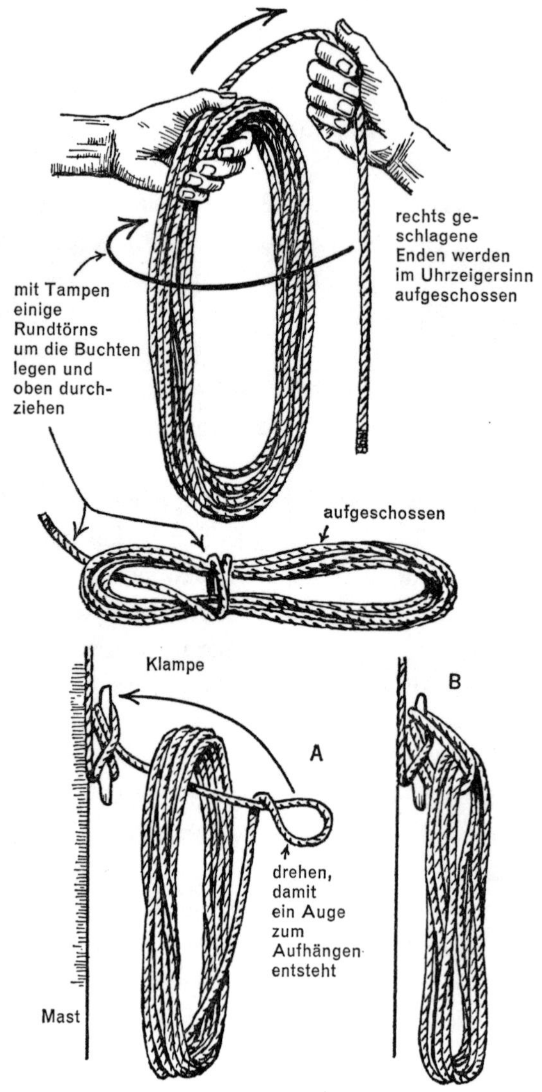

Abb. 68. Aufschießen eines Endes

dernis der Sicherheit. Nur wenn an Bord Ordnung herrscht, wird man die notwendigen Manöver schnell und sicher ausführen können.
Drahtseile finden auf Segelbooten in der Regel nur für das stehende Gut Verwendung. Früher handelte es sich in erster Linie um geschlagene Seile aus dünnen, verzinkten Stahldrähten. Heute jedoch werden oft gedrehte oder volle Drähte aus rostfreiem Stahl verwendet.
Baumwoll- und Hanfseile sind sehr wasserempfindlich und verrotten bei unsachgemäßer Behandlung rasch. Es ist demnach erforderlich, solche Enden stets so aufzuschießen und zu verstauen, daß sie gut und möglichst schnell trocknen können. Sämtliches Tauwerk muß periodisch kontrolliert werden, damit etwaige, z.B. durch Schamfilen entstandene Schäden festgestellt und solche Enden allenfalls ausgewechselt werden können. Falls das stehende Gut aus verzinkten Drahtseilen besteht, sind vor allem die unzugänglichen Stellen unter Deck regelmäßig einer Kontrolle zu unterziehen.

Knoten

In Abb. 69 sind die wichtigsten Knoten dargestellt. Jedermann sollte sie schnell und sicher, auch blind, ausführen können: den *Kreuzknoten,* den *Palstek*, *zwei halbe Schläge* und den *Mastwurf* oder *Webeleinstek*. Beinahe jeder Knoten hat seinen spezifischen Verwendungszweck.
Der Kreuzknoten findet vielerlei Verwendung, allgemein beim *Zusammenstecken* von zwei gleich dicken Leinen, beim Festsetzen von Bändseln usw. Dabei muß aber darauf geachtet werden, daß man nicht einen sogenannten *Großmutterknoten* ausführt, der zwar ähnlich aussieht, sich aber von selbst löst. Der einzige Nachteil des Kreuzknotens liegt darin, daß er sich, einmal sehr fest gezogen, nur schwer wieder lösen läßt. Will man zwei verschieden dicke Leinen zusammenstecken oder sicher sein, daß man den Knoten wieder gut lösen kann, ist es besser, den *Schotstek* anzuwenden.
Der Palstek, der König der Knoten, wird vor allem dann angewendet, wenn eine Leine an einem Ring oder an einem Pfahl befestigt werden muß. Der Palstek vereinigt alle Eigenschaften, die ein Knoten haben soll, in außerordentlicher Weise. Er hält unter allen Umständen sicher, klemmt sich aber auch unter sehr großer Belastung nie so fest, daß er nach Gebrauch nicht wieder leicht zu lösen wäre. In Abb. 69 ist dargestellt, wie der Palstek korrekt ausgeführt wird. Es empfiehlt sich, diesen Knoten immer und immer wieder zu üben, bis man ihn im Schlaf ausführen kann. Mit folgendem Kindervers kann

man sich den Palstek leicht merken: «Eine Schlange kommt aus einem Loch heraus. Sie windet sich um einen Baum und geht dann wieder zurück ins Loch.»

Der Mastwurf, auch Webeleinstek genannt, eignet sich vor allem für die Befestigung einer Leine an einem Pfahl, so daß die Leine am Pfahl weder hinauf- noch hinunterrutschen kann. In der Regel wird der freie Tampen mit einem halben Schlag zusätzlich gesichert.

Der *Achterknoten* wird verwendet, um den Tampen einer Schot vor dem Ausscheren aus einem Block zu sichern. Den *Röhringstek* wählt man, um z. B. eine Ankertrosse am Anker oder eine Trosse permanent an einem Ring zu befestigen.

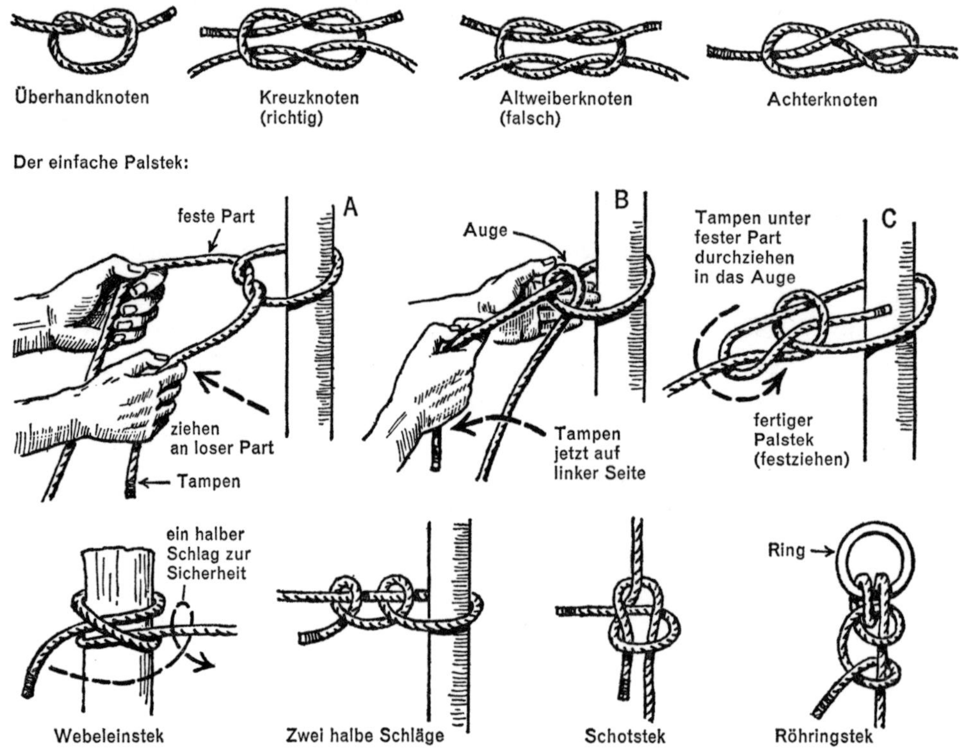

Abb. 69. Knoten

Takeln und Spleißen

Nichts sieht auf einem Boot unordentlicher aus als Tampen, die schlecht oder gar nicht *betakelt* sind und ausfransen. In Abb. 70 wird gezeigt, wie jeder Tampen richtig zu takeln ist. Das Takeln soll niemals bei nassem Tauwerk erfolgen, und die einzelnen Törns sollen möglichst stark angezogen werden, damit der *Takling* hält. Bei nicht zu dicken Kunststoffleinen ist das Anbringen von Taklings nicht mehr notwendig, da die Tampen durch Abbrennen gesichert werden können.

Unter *Spleißen* versteht man das Zusammenflechten von Tauwerk, bei dem entweder ein Auge entsteht oder zwei Tampen permanent miteinander verbunden werden. In Abb. 71 ist gezeigt, wie man einen *Augspleiß* herstellt. Zuerst müssen die einzelnen Kardeelen soweit aufgedreht werden, daß für die Herstellung des Spleißes genügend Länge vorhanden ist. Die einzelnen Kardeelen müssen an ihren Enden sauber abgebunden werden. Dann beginnt man mit dem Durchflechten eines Kardeels unter einem Kardeel des festen Teiles. Dann wird das nächste freie Kardeel (B) über demjenigen, unter dem A durchgesteckt wurde, und unter dem nächsten eingeflochten. Wenn alle drei Kardeelen einmal durchgeflochten sind, sollten sie in gleicher Höhe, rund um das Ende herum verteilt, herausschauen. Dann werden alle drei freien Kardeelen wiederum über das nächste und unter dem übernächsten Kardeel des Endes eingeflochten. Dieses Vorgehen muß mindestens dreimal wiederholt werden. Dann sitzt der Spleiß genügend fest und kann mit einem Takling gesichert werden. Geschlagene Kunststoffleinen werden ebenso gespleißt, wie es Abb. 61 darstellt, jedoch müssen in der Regel mindestens vier oder fünf Durchgänge ausgeführt werden, da sich das Material leichter gegenseitig verschiebt.

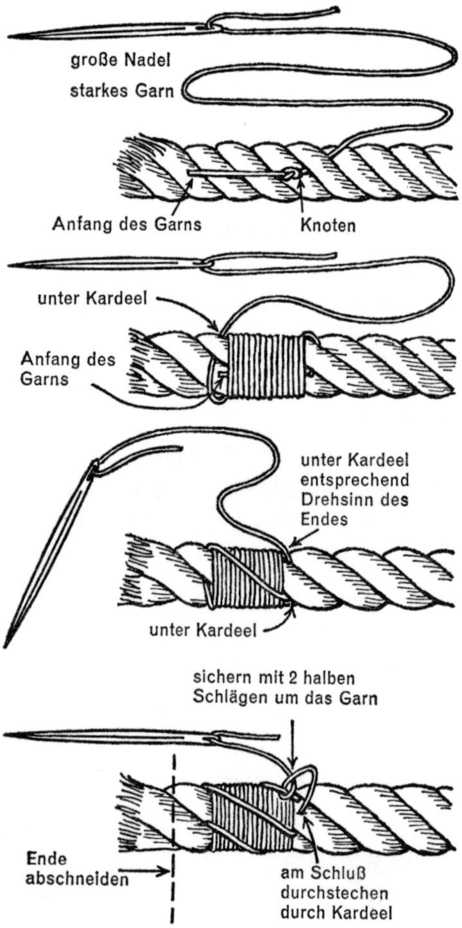

Abb. 70. Der Takling

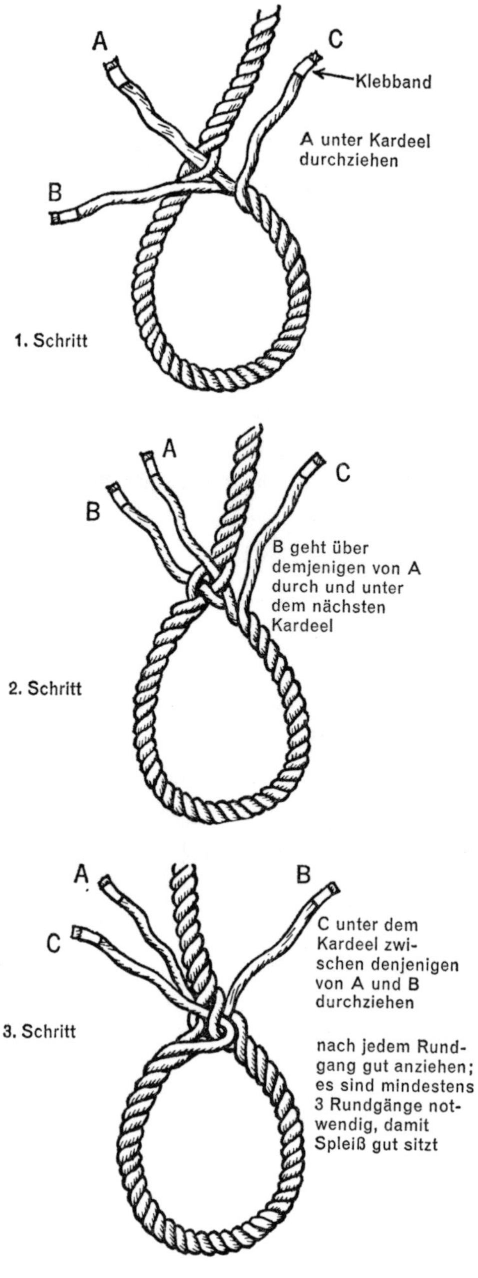

Abb. 71. Augspleiß

11. Wetterkunde und Schwerwettersegeln

Jeder Segler sollte einige Grundkenntnisse über das Wetter haben, nicht allein, um herannahende Stürme rechtzeitig zu erkennen, sondern ganz allgemein, um das Wetter in einem gewissen Maße voraussagen zu können und daraus Vorteile zu ziehen. Er sollte etwas wissen über die Großwetterentwicklung, über die Wetterkarten, über das Barometer, über die Wolkenbildungen und auch über die Eigenheiten der lokalen Wetterverhältnisse.

Wetterkarte und Barometer

Die Wetterkarten, die in vielen Zeitungen regelmäßig veröffentlicht werden, geben einen guten Überblick über die Entwicklung des Wetters in Europa. Sie zeigen die Windverhältnisse, die Temperaturen und den atmosphärischen Druck. In der Regel entwickelt sich das Wetter bei uns von Westen nach Osten. Es empfiehlt sich, vor einer längeren Kreuzfahrt die Wetterkarte gut zu studieren und zu berücksichtigen, daß das Wetter, welches bereits die westlichen Zonen bestimmt, in einem oder in wenigen Tagen auch weiter östlich liegende Gebiete beeinflussen wird.
Auf den Wetterkarten sind in erster Linie die Zonen hohen und tiefen atmosphärischen Drucks eingezeichnet. Die Lage dieser Zonen ist von außerordentlicher Wichtigkeit für die Vorhersage des Wetters. In der nördlichen Hemisphäre dreht der Wind im Uhrzeigersinn rund um das *Hoch* und aus dessen Zentrum radial heraus. Man nennt dies eine *Antizyklone*. Im Gegensatz dazu dreht der Wind um das *Tief* im Gegenuhrzeigersinn

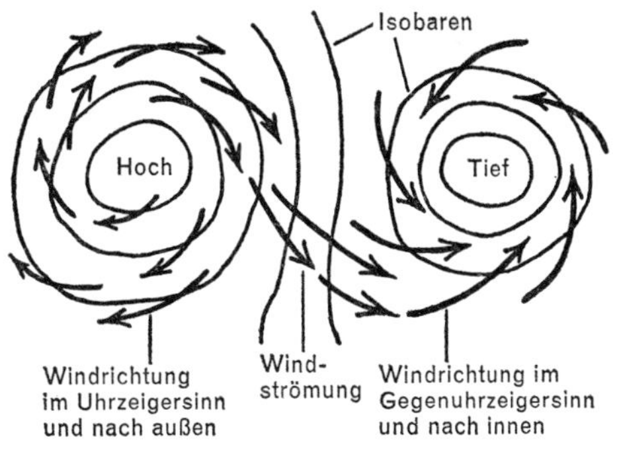

Abb. 72. Hoch und Tief

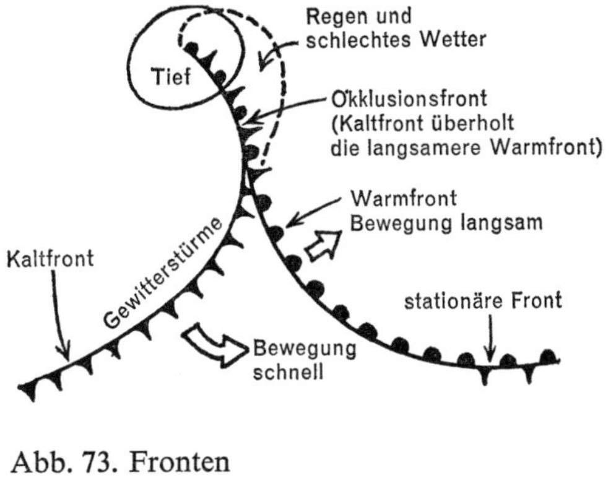

Abb. 73. Fronten

und gegen das Zentrum. In diesem Fall handelt es sich um eine *Zyklone*. Gutes Wetter steht in der Regel in Verbindung mit einem Hoch, schlechtes Wetter mit einem Tief. Wie in Abb. 72 dargestellt, fließt der Wind natürlicherweise vom Hoch gegen das Tief. Die ausgezogenen Kurven, die um das Hoch und das Tief und zwischen beiden verlaufen, werden *Isobaren* genannt. Diese Kurven verbinden die Punkte gleichen atmosphärischen Drucks. Wo die Isobaren nahe beieinanderliegen, der Druckabfall also groß ist, sind starke Winde zu erwarten, wo sie weit voneinander entfernt sind, eher schwache Winde. Auf einer Wetterkarte können auch Linien eingezeichnet sein, die durch kleine Dreiecke, Halbmonde oder beides gekennzeichnet sind. Wie Abb. 73 zeigt, handelt es sich um sogenannte Fronten: *Kalt-*, *Warm-*, *Okklusions-* oder *stationäre Fronten*. Fronten entstehen beim Zusammentreffen von kalten und warmen Luftmassen. Wird kalte Luft von warmer Luft überflutet, entsteht eine *Warmfront*. Der vorderste Teil der warmen Luftmasse, die Warmfront, schiebt sich über die kalte Luft und erzeugt damit Regen. Wenn dagegen kalte Luft mit warmer Luft kollidiert und sich darunterschiebt, ist eine *Kaltfront* die Folge. Die kalte Luft fließt tief unter der warmen, da ja kalte Luft schwerer ist als warme. An der Kaltfront wird die warme Luft schnell in größere Höhen gedrückt, und damit werden in der Regel starke Gewitterstürme verursacht (Abb. 74). Wenn eine

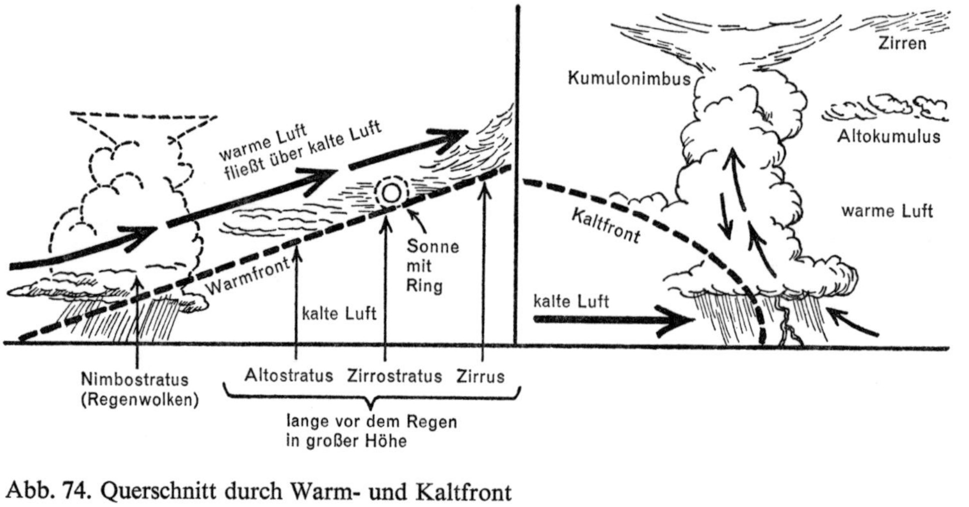

Abb. 74. Querschnitt durch Warm- und Kaltfront

Kalt- und eine Warmfront sich gegeneinander bewegen und sich treffen, kann sich eine stationäre Front bilden. Holt eine schnell sich verschiebende Kaltfront eine Warmfront ein, die sich in der gleichen Richtung bewegt, treffen sich die beiden Kaltluftmassen und befördern die warme Luft gegen oben. Man nennt dies eine *Okklusionsfront.* Sie kann eher die Eigenschaften einer Warmfront oder die Eigenschaften einer Kaltfront oder die Eigenschaften beider Fronten zugleich haben. In der Nähe von Fronten wird das Wetter immer wechselhaft und unbeständig sein.

Das Instrument, mit dem man den atmosphärischen Druck mißt, ist das Barometer. Es sollte auf jedem Tourenboot vorhanden sein. Abb. 75 schematisiert das Prinzip des Quecksilberbarometers. Je nach der Größe des atmosphärischen Drucks wird das Quecksilber im Glasrohr höher oder tiefer stehen. Auf Meereshöhe entspricht der atmosphärische Druck einer Quecksilbersäule von 750 mm Höhe. Da ein Quecksilberbarometer auf Booten nicht gut unterzubringen ist und leicht beschädigt werden kann, verwendet man für den Gebrauch auf See sogenannte Aneroiddosen-Barometer.

Ein Barometer für den Hausgebrauch zeigt bei höherem Druck auf «Schönes Wetter» und bei tieferem Druck auf «Schlechtes Wetter» oder «Stürmisch». Leider sind aber die Verhältnisse nicht ganz so einfach. Nicht allein die absolute Höhe des Luftdrucks, son-

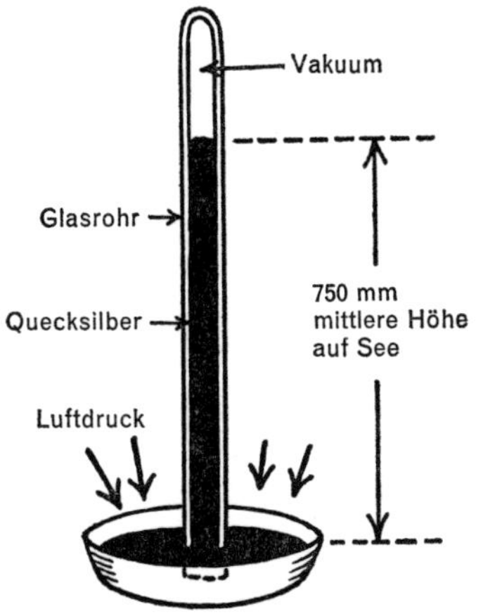

Abb. 75. Barometer (Experiment von Toricelli)

dern noch mehr die Änderung des Druckes oder die Geschwindigkeit der Druckänderung sind wichtig und müssen zusammen mit Windrichtung und Großwetterlage berücksichtigt werden. Wenn man also ein Barometer abliest, stelle man nicht nur fest, wie hoch der Druck gerade ist, sondern man vergewissere sich, ob er sinkt oder steigt. Zu diesem Zweck sind selbstschreibende Barometer von großem Vorteil.

Die folgenden Hinweise sollen helfen, die richtigen Schlüsse aus den Barometerablesungen zu ziehen. Fällt das Barometer bei östlichem Wind, kann man annehmen, daß schlechtes, regnerisches Wetter naht. Wenn der Wind im Uhrzeigersinn nach Westen dreht und das Barometer hoch steht und langsam steigt, sollte das Wetter normalerweise gut bleiben. Bei südlichem Wind fällt das Barometer in der Regel, bei nördlichem steigt es. Langsam steigender Barometerstand mit im Uhrzeigersinn drehendem Wind zeigt gutes Wetter an, fallender Druck mit Drehen des Windes im Gegenuhrzeigersinn aber bedeutet oft schlechtes Wetter. Ein plötzlicher Anstieg des Drucks weist auf unbeständiges Wetter und oft starken Wind hin. Langsames, stetiges Fallen ist ein Vorzeichen regnerischen und wechselnden Wetters. Stark fallender Druck und extrem tiefe Werte verheißen schlechtes Wetter und unter Umständen starken Sturm.

Lokale Verhältnisse

Der zu einem bestimmten Zeitpunkt in einer bestimmten Region vorhandene Wind wird nicht nur von der großräumigen Wetterlage bestimmt. Der effektive Wind hängt oft mehr von den geographischen und physikalischen Verhältnissen des betreffenden Gebietes ab. Da sich lokale Wettervorgänge sehr oft genau oder ähnlich wiederholen, können für eine bestimmte Gegend statistisch gewisse Wetterregeln aufgestellt werden. Ein Skipper, der das Wetter seiner Region kennt, kann in der Regel zutreffende Voraussagen machen und dementsprechend ungünstige Wetterverhältnisse meiden und gute Windverhältnisse ausnützen.

Ein wichtiger Bestandteil der lokalen Windbildung sind die sogenannten Morgen- und Abendwinde, die durch die ungleichmäßige Erwärmung von Land und Wasser hervorgerufen werden. Diese Winde werden *Thermik-Winde* genannt. Sie entstehen dadurch, daß sich das Land schneller erwärmt als das Wasser, so daß sich im Laufe des Tages eine Strömung vom Wasser gegen das Land ausbildet, das heißt, die über dem Land aufsteigende wärmere Luft zieht kältere Luft aus dem Gebiet der Wasserfläche nach sich.

 Am Abend oder in der Nacht vollzieht sich der Vorgang in umgekehrter Richtung: über dem Wasser, das die Wärme länger behält als das Land, steigt warme Luft auf und zieht die kältere Luft über dem Land nach, es entsteht also ein Wind vom Land gegen das Wasser. In den Tagesstunden, in denen die Temperaturen von Wasser und Land ungefähr gleich sind, herrscht normalerweise Windstille.

Je nach der Verteilung der Wasser- und Landflächen oder, im Alpengebiet, je nach der Verteilung von Ebenen und gebirgigen Gebieten können die thermischen Winde relativ stark sein. Normalerweise erreichen thermische Winde nur Windstärke 1 bis 3 (siehe

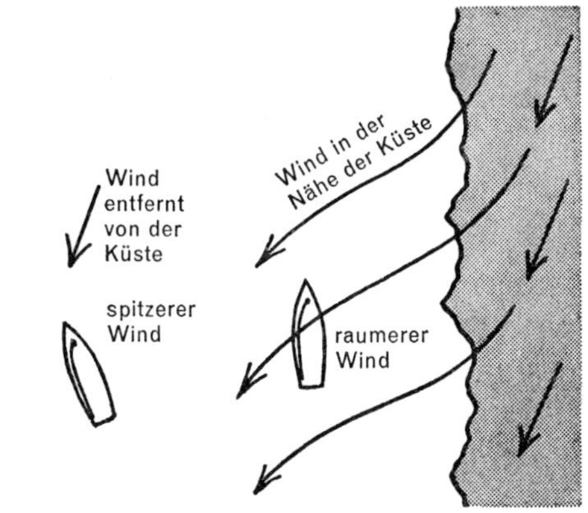

Abb. 76. Einfluß des Ufers

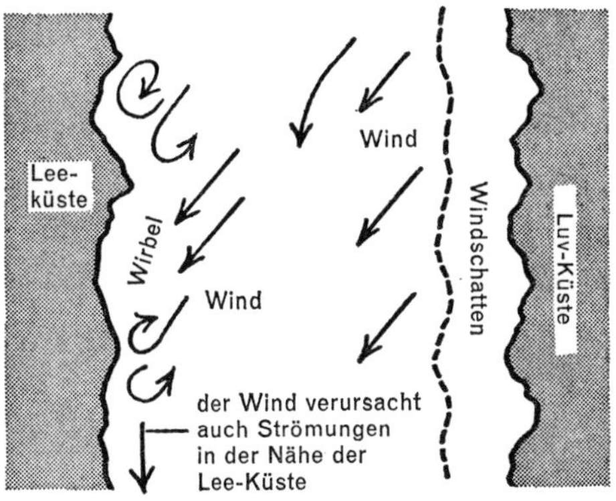

Abb. 77. Wind bei hohen Ufern

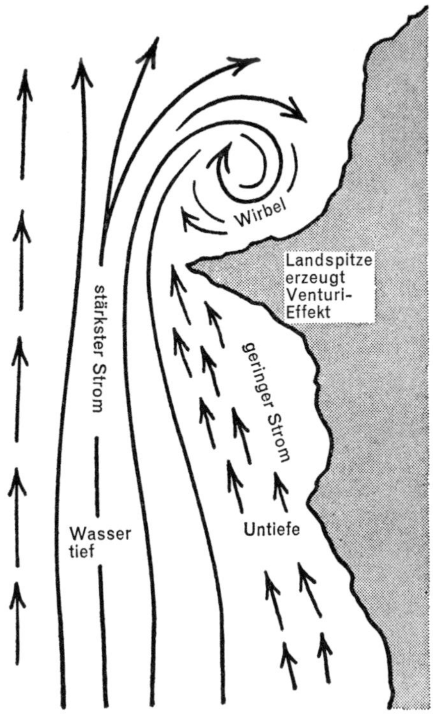

Abb. 78. Strömungen

Um Strömungen erkennen zu können, muß man bei Bojen und Seezeichen die Wasserbewegung beobachten

Abb. 80), in extremen Fällen bis 4 und 5. Unregelmäßige Erwärmung beeinflußt thermische Winde bezüglich Stärke und Richtung, so daß sie in der Regel böig sind und in der Richtung oft wechseln. Der erfahrene Segler zieht daraus Nutzen, indem er in Ufernähe oft eine etwas größere Windstärke erwarten kann als auf offenem Gewässer. Selbstverständlich aber wird diese Wirkung ganz nahe am Land durch die Uferformation oder durch Bäume behindert.
Wie in Abb. 76 dargestellt, bewirkt jedoch die Ufernähe auch eine Richtungsänderung des Windes. Weht eine Windströmung schräg zum Ufer, pflegt sie beim Übergang vom Land zum Wasser in einer Richtung abzudrehen, die senkrechter zur Uferlinie verläuft. Ein Boot, das in Ufernähe segelt, kann dann raumeren Windeinfall erhalten und damit einen höheren Kurs segeln. Abb. 77 zeigt, daß bei höheren Ufern starke Unregelmäßigkeiten in Windrichtung und -stärke auftreten können. Nicht nur eigentliche Hindernisse, sondern auch die Reibung des Windes an der Erd- und Wasseroberfläche beeinflussen Windgeschwindigkeit und Windrichtung.

Gezeiten und Strömungen

Vielerorts spielen *Gezeitenströme* und andere Strömungen für den Segler eine große Rolle. Durch die Gezeiten, das heißt durch das Steigen und Fallen des Wassers, bedingt durch die Anziehung des Mondes, werden Strömungen erzeugt. Den hohen Wasserstand nennt man *Flut,* den tiefen *Ebbe.* Wenn sich die Anziehungskraft von Mond und Sonne addieren, entsteht die höchste Flut, die *Springflut.* Ebbe und Flut folgen sich in Abständen von ungefähr 6 Stunden und 12 Minuten, so daß die durch die Gezeiten bewirkte Strömung im gleichen Zeitabstand in der einen oder anderen Richtung *steht.*
Einen großen Einfluß auf die Strömungen haben die Formation des Ufers und die Wassertiefe. In der Gegend von Landvorsprüngen kann die Strömungsgeschwindigkeit wesentlich ansteigen und hinter solchen Vorsprüngen wirbelartig und unregelmäßig werden (Abb. 78). Bei größerer Wassertiefe oder in Rinnen fließt die Strömung stark und regelmäßig, wogegen Geschwindigkeit und Regelmäßigkeit bei niedrigerem Wasser oder in der Nähe des Ufers wesentlich kleiner sind. Wenn man also gegen eine Strömung ansegeln muß, ist es von Vorteil, in der Nähe des Ufers zu segeln, wo die Strömung wesentlich geringer ist als bei größerer Wassertiefe in weiterer Entfernung vom Land. Segelt man hingegen mit dem Strom, erreicht man eine höhere Geschwindigkeit, wenn man sich im tieferen Wasser, wo die Strömung am größten ist, bewegt.

Wolken und Stürme

Wolken sind gute Kennzeichen für die Entwicklung des Wetters und sollten regelmäßig beobachtet werden. Abb. 79 skizziert die häufigsten Wolkenformen.

Die höchstliegenden Wolken sind die *Zirren* und die *Zirrokumuluswolken*. Die erstgenannten sind feine, feder- oder büschelartige weiße Wolken, die letztgenannten feine, hohe Schäfchenwolken. Beide Wolkenformen können Vorzeichen von schlechtem Wetter und Wind sein. In der Regel sind einzelne kleinere Wolken nicht von Bedeutung. Wenn sich aber Zirren oder Zirrokumuluswolken über den gesamten Himmel verteilen, ist schlechtes Wetter zu erwarten.

Eine weitere hochliegende Wolkenform, die schlechtes Wetter anzeigen kann, sind die *Zirrostratuswolken,* ein hochliegender, dünner Wolkenschleier, der einen großen Ring um die Sonne herum erzeugt (Halo).

Die Wolken in mittlerer Höhe sind die *Altokumulus* und die *Altostratus*. Altokumulus sind Schäfchenwolken, die oft das Herannahen einer Kaltfront voraussagen, wenn sie sich verdichten. Beim Altostratus handelt es sich um eine graue, milchglasähnliche Decke, die meistens auf eine Warmfront und auf Regen hindeutet.

Tiefliegende Wolken sind der *Stratokumulus,* der *Stratus* und der *Nimbostratus*. Der Stratokumulus gleicht dem Altokumulus, ist aber in der Regel dichter und grau bis schwarz. Der Stratus ist die tiefstliegende Wolkenform, grauem Nebel ähnlich und nur wenige hundert Meter über der Erde. Nimbostratus nennt man die Stratuswolken dann, wenn sie zerrissen und aufgetürmt sind. Dies sind die eigentlichen Regenwolken.

Die Wolken, die sich im Gegensatz zu den beschriebenen in vertikaler Richtung aufbauen, nennt man *Kumulus* und *Kumulonimbus*. Die flache Wolkenbasis liegt in der Regel eher tief, die ballenförmige Wolkenobergrenze kann sich aber bis zu sehr großer Höhe erheben. Tiefliegende Kumuluswolken sind Schönwetteranzeichen. Demgegenüber ist Kumulonimbus die eigentliche Gewitterwolke, die zu sehr großen Höhen hinaufreicht, der untere Teil wird grau und dunkel. Ein Kumulonimbus erzeugt böige Gewitterstürme mit Regen.

Gewitterstürme entstehen dadurch, daß warme Luftmassen hochsteigen und in kältere Schichten geraten. Es kann sich dabei um einzelne isolierte Warmluftmassen handeln, die an schwülen Sommernachmittagen lokale Gewitter verursachen. Wird die Luft jedoch von einer einfließenden Kaltfront nach oben gedrückt, entstehen Gewitter entlang der ganzen Front; in der Regel steigern sich dabei die Windstärken.

Abb. 79. Wolken

Segelt man an einem heißen Sommernachmittag, soll man stets auf die sich erhebenden Kumuluswolken achten. Wenn sich diese Wolken auftürmen und oben eine amboßartige Form annehmen, ist mit Sicherheit ein Gewittersturm zu erwarten. Da in der Regel einem solchen Sturm eine absolute Flaute vorangeht, ist es oft schwierig, den schützenden Hafen rechtzeitig zu erreichen. Sollte dies nicht möglich sein, ist es vorsichtig, vor dem Eintreffen der ersten starken Böen die Segel zu streichen oder zu reffen. Solche Gewitterstürme sind in der Regel kurz und werden oft von schönem Wetter abgelöst.
Bevor man zu einer längeren Kreuzfahrt ausläuft, sollte man sich die neuesten Wetterkarten beschaffen und die aktuellen Wetterberichte anhören. Vielerorts sind auch spezielle Sturmwarnsysteme eingerichtet, die ihre Warnungen meistens rechtzeitig durchgeben.
In bezug auf das Wetter gibt es viele Bauernregeln, die oft zutreffen. Hier einige Beispiele: Abendrot ist ein gutes Vorzeichen für den folgenden Tag, Morgenrot ein schlechtes. – Je länger sich die Vorzeichen entwickeln, desto länger ist auch die nachfolgende Störung. – Wenn die Sonne blaß und fahl untergeht, wird es am nächsten Tag regnen. – Kommt der Regen vor dem Wind, Seemann reff, und zwar geschwind! – Wenn der Schall ungewöhnlich weit trägt, ist ein Sturm im Anzug.

Die Windstärken

Die Stärke des Windes wird in der Regel durch die Windgeschwindigkeit in Metern pro Sekunde oder Seemeilen pro Stunde ausgedrückt. Um die Windgeschwindigkeit zu messen, gibt es verschiedene einfache Geräte. Auf größeren Yachten werden solche fest eingebaut. Sie bestehen aus einem Flügelrad im Masttopp und dem entsprechenden Anzeigegerät im Cockpit. Einfachere Windmesser können von Hand hochgehoben werden, sie lassen die Windstärke mit durchaus ausreichender Genauigkeit ablesen.
Früher erfolgte die Bezeichnung der Windstärken nach der *Beaufort-Skala,* genannt nach deren Erfinder, einem englischen Admiral. Obwohl diese Windstärkenskala ursprünglich für den Gebrauch auf großen Schiffen auf hoher See gedacht war, erfreut sie sich heute immer noch großer Beliebtheit auch auf Binnenseen. Dies vor allem darum, weil die Windstärken nach Beaufort ohne Anzeigegerät, einfach durch Beobachtung des Wassers und aus dem Verhalten eines Segelbootes beurteilt werden können. So wird z. B. Windstärke 5 dadurch charakterisiert, daß die Wellenkämme durchwegs weiße Schaumkronen aufweisen. Bei Windstärke 6 bilden sich einzelne Schaumstreifen, wohingegen

Windstärke nach Beaufort	Wind-Geschwindigkeit			Bezeichnung	Merkmale	Ungefähre Wellenhöhe auf offenem Wasser in m
	m/sek	sm/Std.	km/Std.			
0	< 1	< 1	< 2	Windstille	Wasser sehr glatt. Auch leichte Boote machen kaum Fahrt.	0
1	1	2	4	sehr leicht	Ruhiges Wasser. Die Segel stehen, leichte Boote machen Fahrt.	0,1
2	3	6	10	leichte Brise	Leicht gekräuselt. Alle Boote machen Fahrt.	0,2
3	5	10	18	schwacher Wind	Gekräuselt, Wellenkämme beginnen sich zu brechen. Boote krängen merklich auf dem Amwindkurs.	0,5
4	7	14	26	mäßiger Wind	Bewegt, alle Wellen überschlagen sich, deutliche Schaumkronen. Jollen beginnen zu reffen.	0,9
5	9	18	34	frischer Wind	Stark bewegt, alle Wellenkämme tragen große Schaumkronen. Viele Boote müssen Segel kürzen, Ungeübte kommen in Schwierigkeiten.	1,5
6	12	23	43	starker Wind	Deutliche Wellenbildung, einzelne Schaumstreifen. Kleine Boote kommen kaum mehr gegen Wind und Wellen an, Yachten reffen.	2,5
7	15	28	52	sehr starker Wind	Hohe See, deutliche Schaumstreifen, See beginnt weiß zu werden. Jollen können kaum mehr segeln.	3,5
8	18	34	63	stürmischer Wind	Gischt von den Wellenkämmen beginnt durch die Luft zu fliegen. Auch Hochseeyachten tragen nur noch Sturmsegel.	4,5
9	21	41	76	Sturm	Wasser fliegt durch die Luft. Grenze des normalen Segelns.	5,5
10	25	48	90	starker Sturm	Sicht eingeschränkt. Alle Schiffe müssen beidrehen.	6,5
11	29	56	104	schwerer Sturm	Sehr schwere See, riesige Wellenberge entstehen.	8
12	33<	64<	120<	Orkan	Überall Gischt und Schaum. Sicht nur noch wenige Meter.	10

 Abb. 80. Die Beaufort-Skala

erst bei Windstärke 7 deutliche und lange Schaumstreifen auftreten und die See wegen der häufigen Brecher richtig weiß erscheint.
Selbstverständlich wird eine bestimmte Windstärke nicht von jedem Segler und für jedes Boot gleich beurteilt. Ein Ungeübter wird Windstärke 3 oder 4 bereits als starken Wind empfinden, wogegen der erfahrene Binnensegler dabei von idealen Windverhältnissen spricht. Und schließlich sind für den Hochseesegler ideale Verhältnisse erst dann gegeben, wenn die Stärke 5 erreicht ist.

Segeln bei starkem Wind

Segeln bei starkem oder sehr starkem Wind erfordert eine spezielle Technik. Der Steuermann muß berücksichtigen, daß mit starkem Wind in der Regel hohe Wellen verbunden sind. Er muß also danach trachten, daß sich nicht nur die Belastung des Riggs in vernünftigen Grenzen hält, sondern auch, daß das Boot sich möglichst weich durch die Wellen bewegt und wenig Wasser übernimmt. Kleine Spritzer sind nicht von Belang, aber wenn der Wind stark und die Wellen hoch sind, können bei unsachgemäßer Bootsführung sehr große Mengen Wasser über und in ein Boot kommen.
Auf dem Amwindkurs sollte man versuchen, in den Wellentälern jeweils etwas abzufallen, um möglichst viel Fahrt zu machen, und beim Ansteigen gegen den Wellenkamm hochzuluven. Wenn man auf einem Schlag genau senkrecht gegen die Wellen segeln muß, empfiehlt es sich, nur so viel Fahrt im Boot zu halten, daß man einigermaßen vorankommt, da das Durchschneiden der Wellen bei größerer Geschwindigkeit nur mehr Widerstand erzeugt. In jedem Fall soll aber immer so viel Fahrt behalten werden, daß das Boot steuerfähig bleibt und auch bei großen Wellen von vorn nicht zum Stillstand kommt.
Auch auf dem Vorwindkurs sollte man alles daransetzen, das Boot mit nicht zuviel Fahrt vor den Wellen zu halten, damit weder der Bug noch das Heck zu stark eintauchen, sonst verlöre es die Steuerfähigkeit, besonders wenn große Wellen dazukommen. Anderseits sollte man selbstverständlich auch hier immer so viel Fahrt im Boot behalten, daß es dem Steuer gehorcht. Wenn hohe Seen von hinten anrollen, ist es angezeigt, das Boot genau quer dazu einzurichten, so daß sie das Heck direkt von achtern erfassen können. Es bestünde sonst die Gefahr, daß das Boot von einer Welle vollkommen aus dem Kurs geworfen wird, ohne daß man mit dem Ruder einwirken könnte. Man kann dann in den Wellentälern etwas anluven und beim Herannahen der nächsten Welle wieder abfallen.

Unter solchen Umständen ist es angezeigt, die achtern stehenden Segel, bzw. bei einer Sloop das Großtuch, zu bergen und nur mit einem Vorsegel weiterzusegeln.
Beim Segeln in sehr schwerem Wetter sollte man darauf achten, daß die Segel nicht zu lange killen. Starkes Killen bei sehr starkem Wind bedeutet eine sehr große Belastung nicht nur der Segel, sondern des ganzen Riggs. Man muß also das Wendemanöver sehr sorgfältig vorbereiten, damit das Boot nicht zu lange im Wind steht. Bei starkem Wind und großen Wellen besteht nämlich die Gefahr, daß das Boot beim Anluven viel Fahrt verliert und daß es somit nicht mehr durch den Wind dreht und mit der nächsten großen Welle wieder auf den alten Kurs abfällt. Man sollte daher das Wendemanöver mit dem Blick auf anrollende Seen genau vorausplanen, so daß das Anluven möglichst bei geringer Wellenhöhe und in einer Böenpause erfolgen kann. Es kommt vor, daß Boote von gewisser Konstruktion bei sehr hohen Wellen überhaupt nicht mehr wenden können. Es bleibt nur noch der Ausweg über die Halse, die dann allerdings besonders sorgfältig geplant und ausgeführt werden muß.

Segel kürzen

Bei großen Windstärken ist es angezeigt, die Segel zu *kürzen*. Dies kann, wie wir vom 4. Kapitel her wissen, entweder durch Bergen oder durch *Reffen* der Segel geschehen. Das Kürzen der Segel soll ja so vor sich gehen, daß das Boot für den betreffenden Kurs im Segelgleichgewicht bleibt, das heißt, daß sich der Segelschwerpunkt in seiner bestimmten Stellung zum Lateralschwerpunkt befindet (Abb. 12). Dabei muß berücksichtigt werden, daß der Segelschwerpunkt bei starkem Wind in der Regel eher weiter vorn liegen soll. Zum Beispiel werden also eine Yawl oder eine Ketsch mit dem Großsegel allein segeln, mit dem Vorsegel und dem Großsegel oder einfach mit dem Vorsegel und dem Besan; ein Schoner wird eher ein Vorsegel und ein stark gerefftes Großsegel tragen.
Es gibt zwei Methoden, ein Segel zu reffen: die *Rollreffeinrichtung* oder das *Bindereff*. Die erste Methode ist in Abb. 81 dargestellt und besteht einfach darin, daß der Baum mit einer speziellen Vorrichtung gedreht wird, wobei das Segel darum herumgewickelt und entsprechend verkürzt wird. Bei kleinen Booten geschieht das Drehen des Baumes von Hand, bei größeren entweder mit einer Kurbel oder einer Rätsche. Damit der Baum gedreht werden kann, muß aber einerseits an der Nock die Befestigung des Dirks drehbar angeordnet sein, und anderseits müssen die Schoten oder Schotblöcke an sogenannten *Schotringen* befestigt sein, die das Drehen des Baumes mit dem Segel darum herum er-

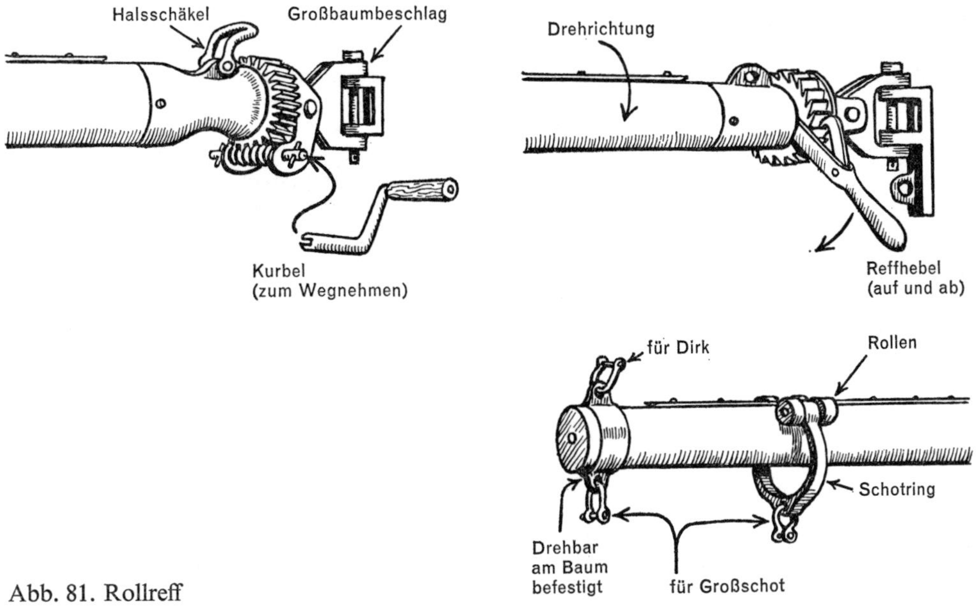

Abb. 81. Rollreff

lauben. Wenn die unterste Latte des Segels nicht parallel zum Baum steht, muß sie bei entsprechendem Reffen herausgenommen werden, damit sie nicht bricht.

Das Reffen mit einem Bindereff ist in Abb. 82 dargestellt. Im Segel sind ein oder zwei Reihen *Reffbändsel* eingenäht und an Vorliek und Achterliek zusätzlich Verstärkungen mit den *Reffkauschen*.

In der Regel wird zuerst das Dirk so steif gesetzt, daß sich der Baum in bequemer Lage für die Arbeiten befindet. Dann werden Hals und Schothorn mit den *Refftaljen* auf dem Baum in die neue Lage dichtgeholt. Zuletzt wird der nicht mehr benötigte Teil des Segels in sauberen Falten auf dem Baum mit den Reffbändseln oder mit einer *Reffleine* festgezurrt.

Für eine ungeübte Mannschaft ist es in der Regel schwierig, während des Segelns ein Großsegel zu reffen. Es empfiehlt sich daher, falls man über einen Hilfsmotor verfügt, diesen während des Reffens zu benützen. Selbstverständlich wird das Manöver auch in einem Hafen oder vor Anker stark erleichtert.

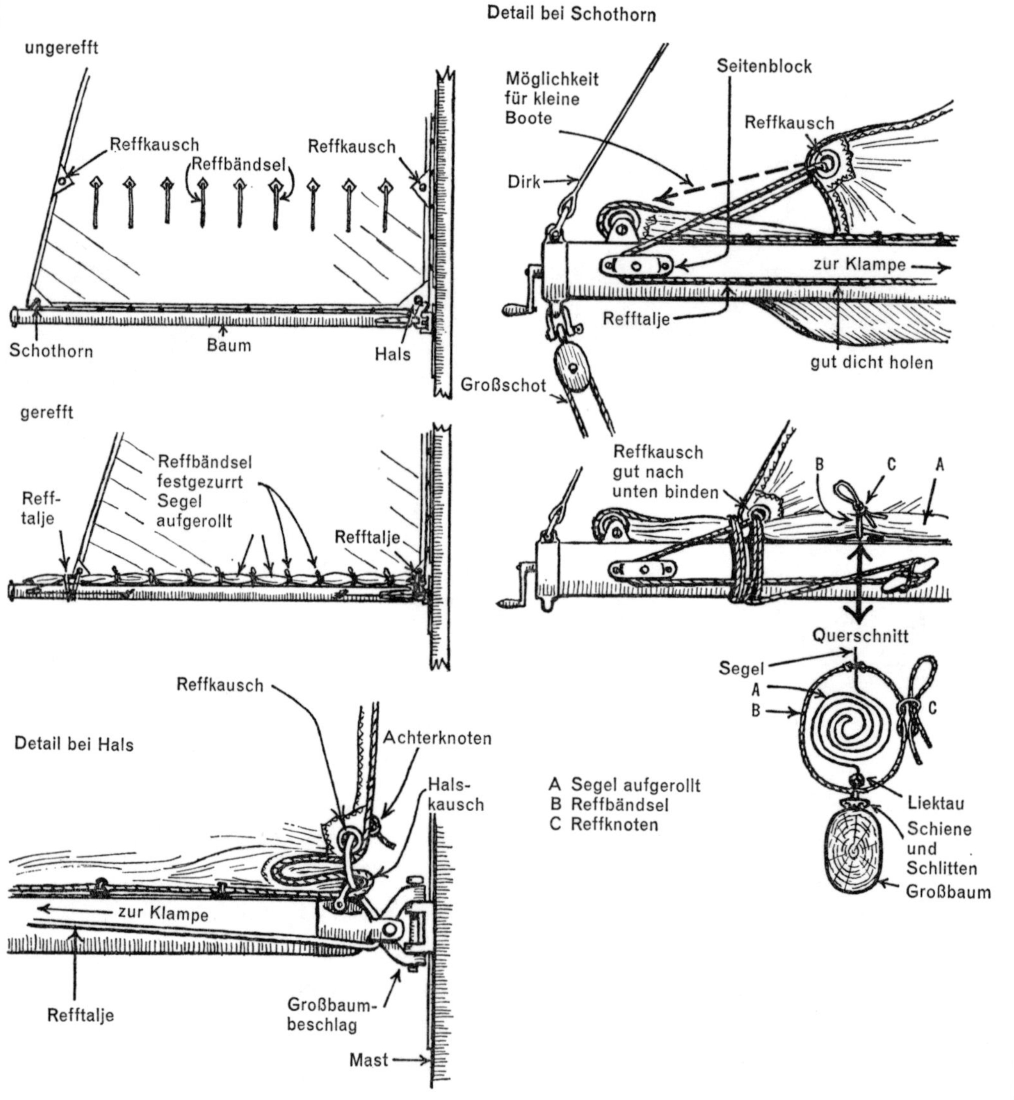

Abb. 82. Bändselreff

Beidrehen

Ein Anfänger sollte sich davor hüten, auf offener See von einem Sturm überrascht zu werden. Er muß unter allen Umständen versuchen, rechtzeitig einen schützenden Hafen oder einen geschützten Ankergrund anzulaufen. Früher oder später wird aber jeder Segler einmal einen richtigen Sturm *abwettern* müssen. Falls genügend Raum zur nächsten Küste vorhanden ist, kann dies am besten und am sichersten durch *Beidrehen* geschehen. Nach Abb. 83 besteht Beidrehen darin, das Boot mit stark verkürzten Segeln, das heißt mit einer *Sturmfock* und stark gerefftem Großsegel (einem *Trysegel*) so zu manövrieren, daß es praktisch nicht vorwärtsfährt, sondern langsam seitlich wegtreibt. Zu diesem Zweck wird das Trysegel in Amwind-Stellung dichtgeholt und das Vorsegel backgeholt. Falls ein Boot über einen Motor verfügt, kann es auch ganz ohne Segel beidrehen. Die Maschine wird gedrosselt, bis nur so viel Fahrt im Boot bleibt, daß es mit dem Ruder in der richtigen Stellung treibend gehalten werden kann. Auf Yachten,

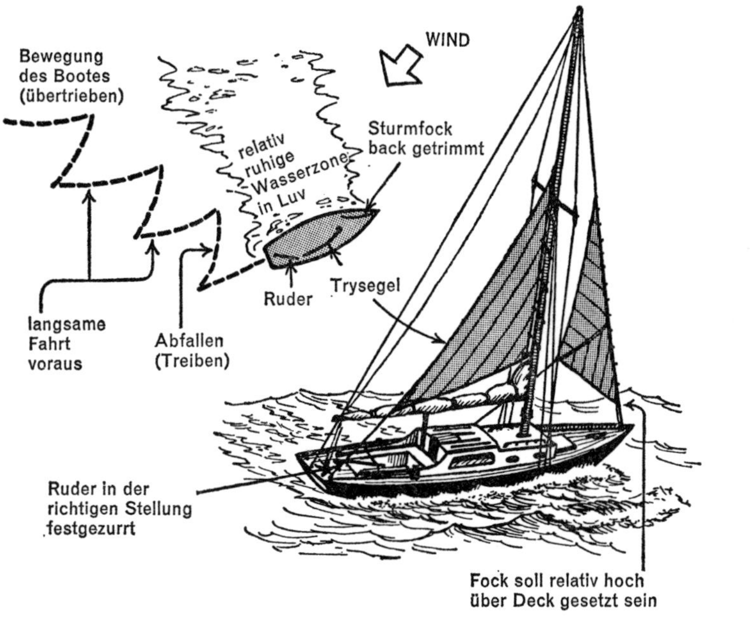

Abb. 83. Beidrehen

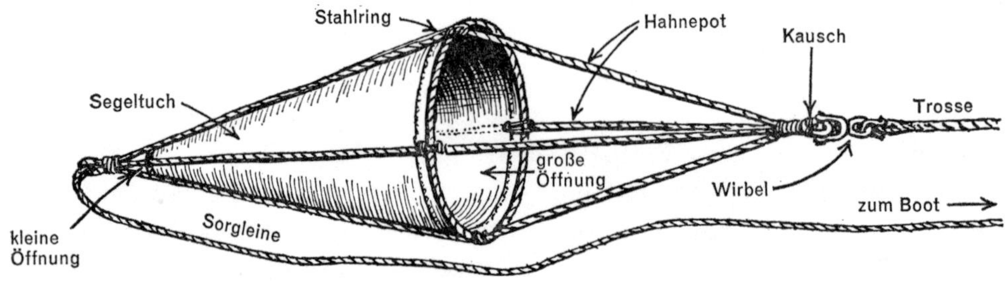

Abb. 84. Treibanker

die größere Stürme *abreiten* müssen, sind die Sturmsegel aus speziell starkem Stoff gefertigt, damit die Segel bei längerem Killen nicht beschädigt werden.
Selbstverständlich kann man nur dann längere Zeit beigedreht liegenbleiben, wenn in Lee genügend Raum vorhanden ist. Sonst muß man bei gelegentlichem Abflauen des Windes versuchen, mit der gleichen Besegelung, mit Trysegeln oder stark gerefften Segeln, sich durch Kreuzen gegen den Wind von der Küste in Lee wieder zu entfernen.
Sollte der Wind einmal so heftig werden, daß man auch mit sehr stark gerefftem Großsegel und mit Sturmfock das Boot nicht mehr halten kann, muß das Großsegel oder das Trysegel gestrichen werden. Viele Boote können auch mit einem kleinen Vorsegel noch beidrehend auf Kurs gehalten werden. Sollte dies nicht möglich sein, muß man versuchen, *vor Topp und Takel** wegzutreiben. Wenn immer möglich, sollte in diesem Fall eine schwere Trosse achtern ausgebracht werden, die hilft, das Boot in der richtigen Lage zu halten. Es gibt Boote, die über *Treibanker* verfügen. Mit seinem größeren Widerstand ist der Treibanker auch besser in der Lage, das Boot auf dem richtigen Kurs zu halten. Bei dem in Abb. 84 dargestellten Treibanker ist zusätzlich eine Sorgleine angebracht, mit welcher der Anker bei Nichtgebrauch leicht eingeholt werden kann.
Falls man in Küstennähe von einem Sturm überrascht werden sollte und nicht mehr in der Lage ist, gegen den Wind anzukreuzen, wird nur noch Ankern in Frage kommen. Man soll dann bereits vor Erreichen der gefährlichen Uferzone den Anker rechtzeitig mit möglichst viel Trosse ausbringen. Die einzige Chance, daß das Boot an der Küste nicht auf Grund geht, besteht darin, daß der Anker rechtzeitig faßt.

* *Vor Topp und Takel:* Ohne Segel, so daß nur noch der Mast und das stehende Gut dem Wind Widerstand leisten.

12. Ausweichregeln und Navigation

Der Verkehr auf unseren Wasserstraßen, Seen und Küstengewässern nimmt von Jahr zu Jahr zu. Es ist deshalb von großer Wichtigkeit, daß jeder Segler die einschlägigen Verhaltensregeln kennt, die in der Binnenschiffahrtsordnung verankert sind. Unglücklicherweise bestehen aber in einzelnen Ländern und auf manchen Gewässern unterschiedliche Vorschriften. Der Ungeübte soll daher, bevor er die Verantwortung für ein Boot übernimmt, sich die für das betreffende Gewässer geltenden Vorschriften beschaffen und sie studieren.

Ausweichregeln auf dem Wasser

Es gibt gewisse internationale Grundregeln, die für das Verhalten von Motorbooten und Segelbooten beinahe überall Geltung haben. In der Regel werden in diesen Vorschriften Motorboote, große Segelyachten und kleinere Segelboote unterschieden. Segelboote, die sich mit Hilfe eines Motors bewegen, gelten als Motorboote.
In Abb. 85 sind die Ausweichregeln für Motorboote oder Segelboote unter Motor schematisch dargestellt. In jeder Situation, in der sich zwei Boote auf Kollisionskurs befinden, ist das eine ausweichpflichtig und das andere vortrittsberechtigt. Das ausweichpflichtige Boot muß rechtzeitig und entschlossen die entsprechenden Manöver einleiten, um eine Kollision mit Sicherheit zu vermeiden. Das vortrittsberechtigte Boot soll seinen Kurs halten und keine Manöver ausführen, die das Ausweichen des ausweichpflichtigen Bootes behindern könnten. Selbstverständlich ist auch das vortrittsberechtigte Boot gehalten, mitzuhelfen, die Kollision zu vermeiden, falls das ausweichpflichtige Boot nicht oder unrichtig reagiert.
Es ist von Vorteil, die Ausweichmanöver mit entsprechenden akustischen Signalen zu unterstützen. Ein kurzer Ton bedeutet «Ausweichen nach Steuerbord», zwei kurze Töne zeigen «Ausweichen nach Backbord» und drei kurze Töne «Rückwärtsfahrt» an. Akustische Signale müssen auch gegeben werden bei Nebel oder sehr schlechter Sicht. In Abständen von weniger als einer Minute warnt man in langen Tönen mit dem Nebelhorn.
Wenn ein Segelboot einem Motorboot begegnet, hat das Segelboot Wegrecht, mit einer Ausnahme: falls sich das Segelboot auf überholendem Kurs befindet. Ein Segelboot muß aber einem Fischerboot, das gerade am Fischen ist, immer aus dem Wege gehen.
In Abb. 86 sind die Ausweichregeln für Segelboote untereinander dargestellt. Es gibt drei international gültige Grundregeln:

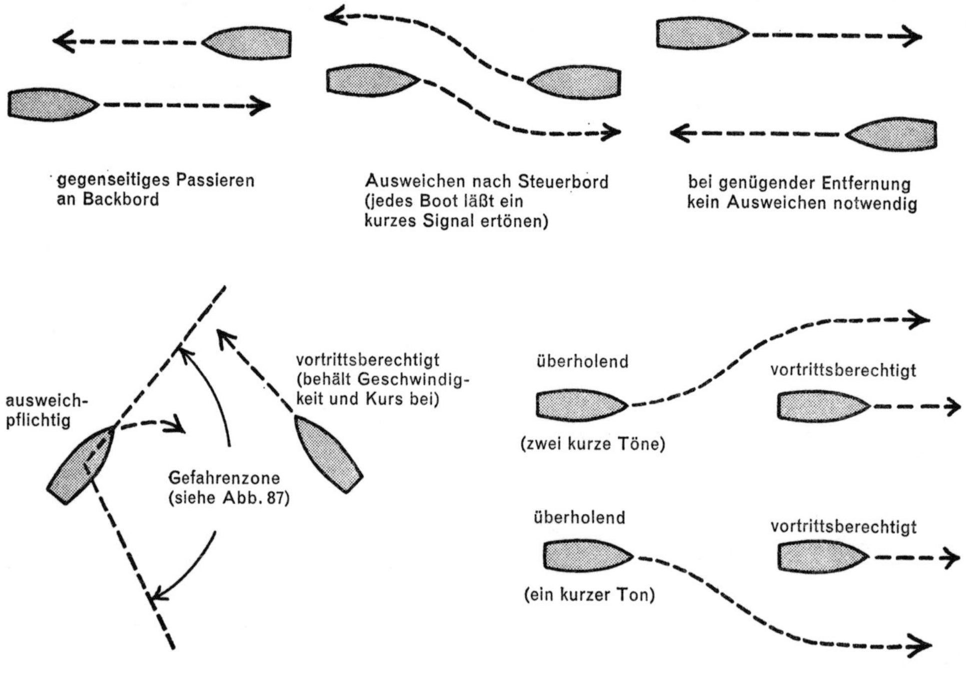

Abb. 85. Ausweichregeln (unter Motor)

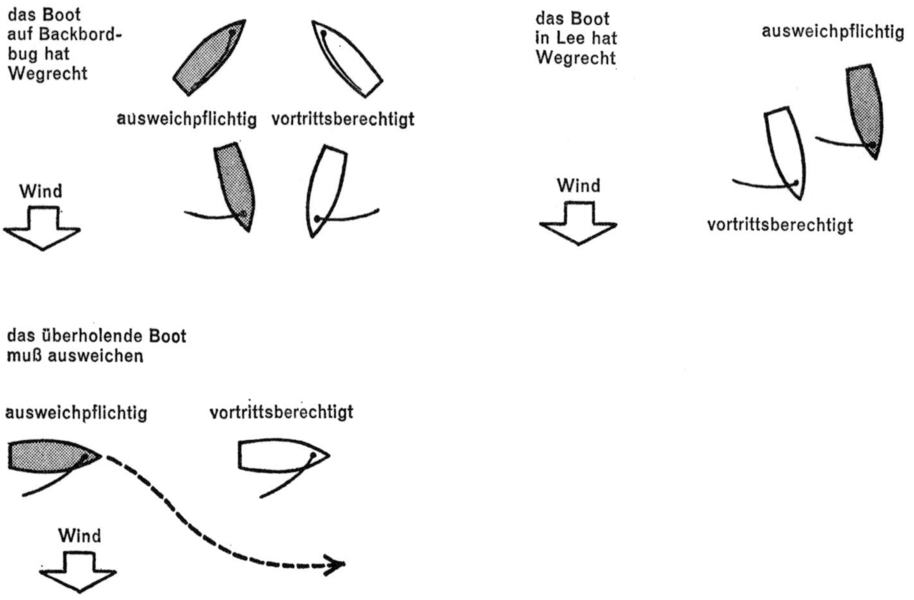

Abb. 86. Wegrecht unter Segel

1. Wenn sich zwei Boote begegnen, die auf verschiedenem Bug segeln, ist dasjenige auf Steuerbordbug, das heißt mit dem Wind von Backbord, ausweichpflichtig.
2. Wenn sich beide Boote auf dem gleichen Bug befinden, ist dasjenige Boot, das sich in Luv eines anderen befindet, ausweichpflichtig.
3. Ein überholendes Boot ist immer ausweichpflichtig.

Die Ausweichregeln sollen aber mit gesundem Menschenverstand und mit Höflichkeit angewendet werden. Es gibt Situationen, in welchen der Skipper eines kleinen Segelbootes nicht auf seinem Wegrecht beharren sollte. Begegnet man großen Schiffen in engen Fahrwassern oder Booten, die offensichtlich von Unkundigen gesteuert werden, ist das Beharren auf dem eigenen Wegrecht oft unsinnig oder gefährlich. So sollte man auch kurz vor dem Kreuzen eines Motorbootes nicht wenden, da die Führer von Motorbooten mit den Eigenheiten eines Segelbootes oft wenig vertraut sind und durch das Wendemanöver irregeleitet werden könnten.

Lichterführung

Ein Boot in Fahrt muß bei Nacht Positionslichter führen. Vorn im Masttopp oder am Bug wird das *Topp-* oder *Buglicht* gefahren, ein weißes Licht, das gemäß Abb. 87 von vorn über einen Winkel von total 225° sichtbar ist. Seitlich werden die *Seitenlichter* geführt –

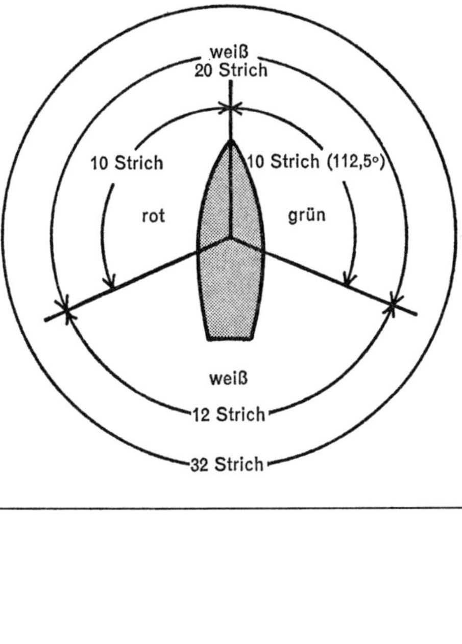

Abb. 87. Sichtbarkeit der Positionslichter

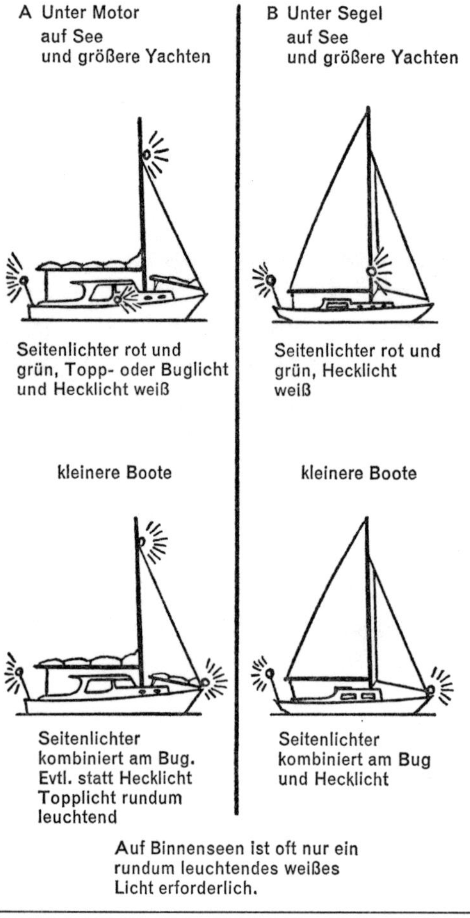

Abb. 88. Lichterführung

an Steuerbord grün, an Backbord rot –, jeweils über einen Winkel von 112,5° von vorn. Achtern ist das *Hecklicht* angebracht, sichtbar über einen Winkel von total 135°. Diese Anordnung der Lichter ist beinahe auf der ganzen Welt für größere Yachten üblich und vorgeschrieben. Für kleine Boote ist je nach den örtlichen Vorschriften eine vereinfachte Anordnung der Positionslichter erlaubt. Solche vereinfachten Vorschriften gestatten, das Bug- und das Hecklicht in einem rundum sichtbaren Topplicht zu vereinigen. Auch können die beiden Seitenlichter rot und grün am Bug vereinigt werden. Schließlich ist es vor

allem auf Binnenseen üblich, als Positionslicht nur ein einziges weißes, rundum sichtbares Licht anzuordnen (Abb. 88).
Ein Boot, das vor Anker liegt, muß mindestens ein rundum sichtbares weißes Licht führen.

Hilfsmittel für die Navigation

Es würde zu weit führen, im Rahmen dieses Buches Anleitungen für die *terrestrische* oder gar die *astronomische Navigation* zu geben. Immerhin sollte jeder Segler die wichtigsten Grundlagen für die terrestrische Navigation kennen: die *Seekarte,* den *Kompaß,* das *Log* und das *Lot.*
In den Seekarten sind viele Hinweise für die sichere Navigation eingetragen: die Wassertiefen, die Lage von Fahrrinnen mit den entsprechenden Markierungsbojen, Landmarken, Häfen usw. Selbstverständlich sind im Hinblick auf die Verwendung des Kompasses auch die Himmelsrichtungen angegeben.
Die Verwendung des Kompasses auf Booten ist mit gewissen Schwierigkeiten verbunden. Erstens muß der Kompaß im Boot *kardanisch,* das heißt so befestigt werden, daß er trotz der Bewegungen des Bootes stets in horizontaler Lage bleibt. Zweitens wird die Magnetnadel durch die Eisenteile, die sich auf jedem Boot befinden, abgelenkt. Damit also ein Kompaß auf einem Boot die Himmelsrichtungen einigermaßen richtig anzeigt, muß er *kompensiert* werden, mit anderen Worten, im Boot muß eine Anzahl von Magnetstäben so angeordnet werden, daß die Wirkung der störenden Eisenmassen mehr oder weniger aufgehoben wird. Da es praktisch unmöglich ist, ein Boot genau zu kompensieren, ist es außerdem noch notwendig, die restlichen Abweichungen der Kompaßnadel, die *Deviation,* anhand einer Tabelle für jede Richtung festzuhalten und bei der Navigation zu berücksichtigen. Eine weitere Schwierigkeit besteht darin, daß der magnetische Nordpol mit dem theoretisch geographischen nicht übereinstimmt. Die Abweichung – *Deklination* genannt – ist von Ort zu Ort und im Laufe der Zeit veränderlich, so daß der entsprechende Wert auf Grund der Angaben in den Seekarten jeweils errechnet werden muß.
Für die Bestimmung der Bootsgeschwindigkeit verwendet man das *Log.* Die einfachste Methode, die Geschwindigkeit eines Bootes festzustellen, besteht darin, auf der Reling des Bootes eine bestimmte, möglichst lange Strecke zu markieren. Wirft man ein Stück Holz ins Wasser, kann die Zeit gemessen werden, welche die beiden Marken an der Re-

ling benötigen, um an diesem Stück Holz vorbeizufahren. Früher war das *Handlog* allgemein gebräuchlich. Dieses besteht aus dem Logbrett, das, ins Wasser geworfen, sich dort querstellt, und aus der Logleine, die in regelmäßigen Abständen mit Knoten (daher die Bezeichnung für die Geschwindigkeit) versehen ist. In einer bestimmten Zeitspanne läuft die entsprechende Anzahl Knoten durch die Hand. Einfacher in der Verwendung ist das *Patentlog*. Es handelt sich dabei um Einrichtungen, die mit Hilfe eines Propellers,

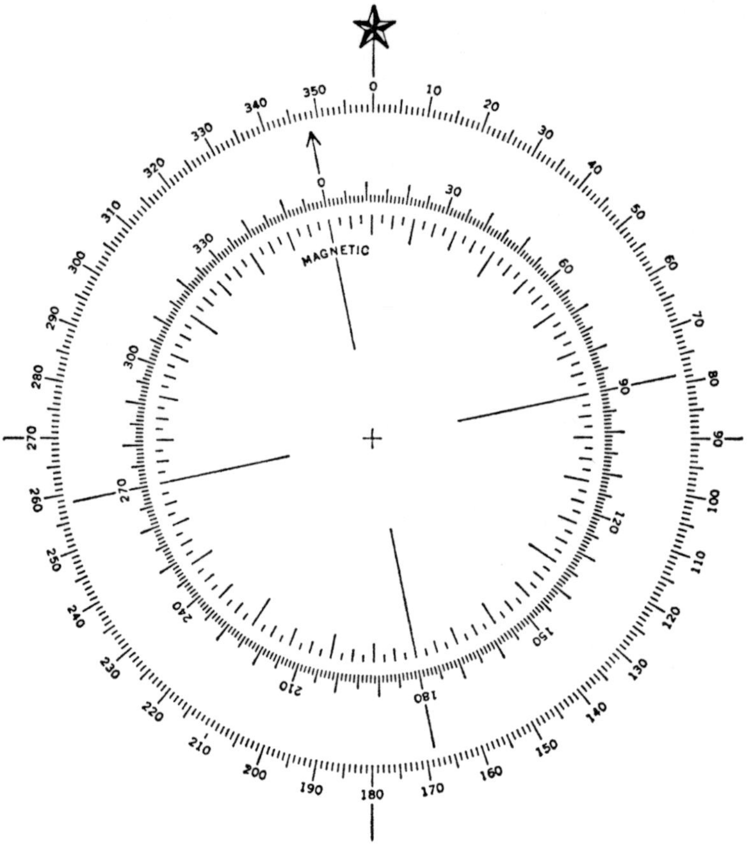

Abb. 89. Kompaßrose

Die Deklination variiert von Ort zu Ort und im Laufe der Zeit

der im Wasser nachgeführt wird, und einer entsprechenden Uhr die Geschwindigkeit direkt angeben. Auf Schiffen wird die Geschwindigkeit in *Knoten,* in Seemeilen pro Stunde, gemessen. Eine Seemeile ist 1852 Meter lang (eine Seemeile entspricht der Länge einer Breiten-Minute am Äquator gemessen). Dabei ist selbstverständlich zu beachten, daß mit solchen Hilfsmitteln nur die Fahrt des Bootes durch das Wasser gemessen werden kann. In der Regel interessiert man sich aber für die Fahrt über Grund, so daß etwa vorhandene Strömungen mit berücksichtigt werden müssen.
Die Wassertiefen werden mit dem *Lot* gemessen. In sehr flachen Gewässern benutzt man am einfachsten einen Peilstock, ein Ruder oder einen Bootshaken. Falls die Wassertiefe einige wenige Meter übersteigt, wird das *Handlot* Anwendung finden, eine unten mit einem Gewicht versehene Leine, die verschiedene einfache Markierungen aufweist. Auf größeren Yachten werden heute für die Tiefenmessungen oft elektronische Geräte – *Echolote* – verwendet.

Seezeichen

Ähnlich wie im Straßenverkehr sind auf dem Wasser Seezeichen angebracht, die den mannigfaltigsten Bedürfnissen dienen. Die meisten Seezeichen sind in den Seekarten vermerkt; sie bilden ein sehr wertvolles Hilfsmittel für die terrestrische Navigation. Besonders wichtig ist die Bezeichnung von Untiefen. Diese werden in der Regel durch *Stangenzeichen, Dalben,* verankerte Bojen oder gar Leuchttürme signalisiert. Wie in Abb. 90 dargestellt, sind solche verankerten Bojen oder Tonnen oft zusätzlich mit akustischen und/oder optischen Signalen versehen.
In vielen Küstengewässern und Flüssen ist die Bezeichnung der *Fahrwasser* in Zusammenhang mit den angrenzenden Untiefen von großer Bedeutung. Die Steuerbord- und die Backbordseite des Fahrwassers werden mit verschiedenartigen, leicht erkennbaren Tonnen oder Zeichen versehen. Die Richtung eines Binnen-Fahrwassers ist grundsätzlich so geregelt, daß als Steuerbord- oder rechte Seite jene bezeichnet wird, die in Fließrichtung rechts liegt, und als linke Seite jene links. Auf Küstengewässern ist die Regelung gerade umgekehrt, da die Richtung einer Fahrstraße auf die von See her einfahrenden Schiffe bezogen wird. Wenn auch die Fahrwasserkennzeichnung noch längst nicht einheitlich ist, so haben sich doch gewisse Regeln durchgesetzt. Für die Markierung der rechten Seite von Binnengewässern oder der Backbordseite von Küstenfahrrinnen werden stumpfe Tonnen oder Zeichen verwendet; sie sind in der Regel rot gestrichen. Für die linke Seite

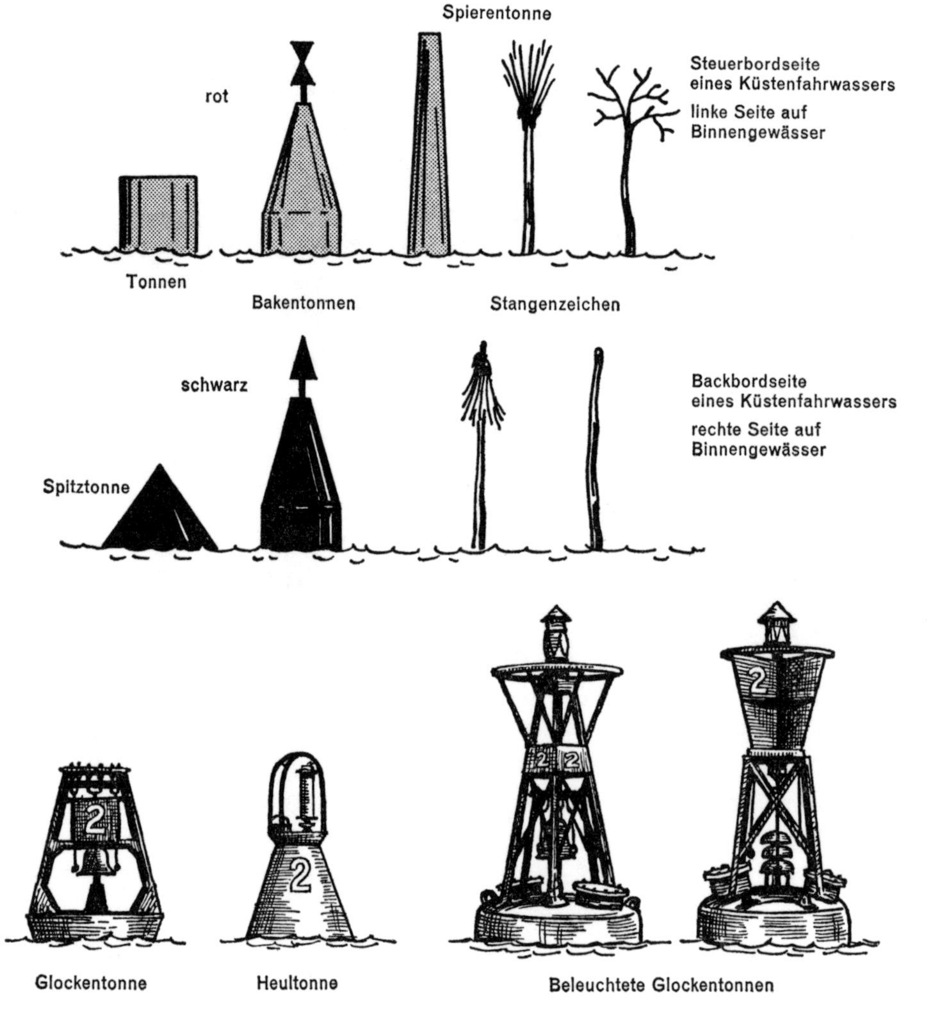

Abb. 90. Fahrwasserbezeichnung (Beispiele)

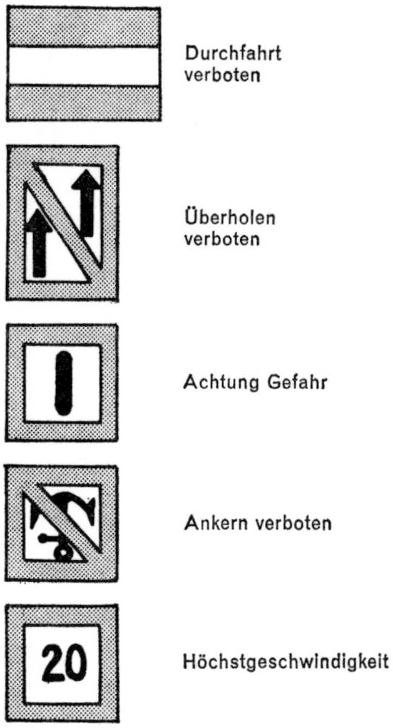

Abb. 91. Signaltafeln (Beispiele)
Farben: Rot/Weiß/Schwarz

auf Binnengewässern (Steuerbordseite bei Küstengewässern) werden spitze Tonnen oder Zeichen benutzt, die in der Regel schwarz bemalt sind.
Der Binnenschiffahrtsverkehr wird auch durch verschiedene Signaltafeln, die am Ufer oder auf dem Wasser angebracht sind, geregelt. Wie im Straßenverkehr gibt es Verbots-, Gebots- und Hinweissignale. Abb. 91 zeigt einige allgemein gültige Signale.

13. Sicherheit und Notfälle

Jeder Segler, ob Anfänger oder nicht, sollte an Bord stets ein wachsames Auge haben auf die eigene Sicherheit und die Sicherheit der Mannschaft sowie auf das Material. Das heißt aber nicht, daß ein Segler überängstlich sein muß und sich und seiner Mannschaft die Freude am Segeln dadurch nimmt, daß er ständig nur an mögliche Gefahren denkt. Es bedeutet einfach, daß er die für sein Boot angemessenen und für die vorgesehenen Fahrten notwendigen Sicherheitseinrichtungen an Bord hat und außerdem alle Maßnahmen kennt, die in Notfällen getroffen werden müssen.

Sicherheitseinrichtungen

Vielerorts werden von den verantwortlichen Behörden Vorschriften erlassen in bezug auf die minimale Ausrüstung, über die ein Boot auf Fahrt verfügen muß. Für Segelboote umfaßt sie in erster Linie geeignetes Rettungsmaterial, die vorgeschriebenen Lichter und, falls diese mit Elektrizität betrieben werden, zusätzlich eine Notlaterne sowie ein Nebelhorn oder eine Nebelpfeife. Für Boote mit Motor kommen noch ein Feuerlöscher dazu sowie Anweisungen über die Entlüftung des Motorenraums. Es empfiehlt sich, bei der zuständigen Wasserpolizei die gültigen Vorschriften zu beschaffen. Da aber die behördlich verlangte Ausrüstung nur ein absolutes Minimum darstellt, sollte jeder verantwortungsbewußte Segler auf seinem Boot über zusätzliche notwendige Einrichtungen verfügen.

Auf kleinen Segelbooten versteht man unter Rettungsmaterial vor allem geeignete *Schwimmwesten,* und zwar für jede Person mindestens eine. Schwimmwesten sollen über genügend Auftrieb verfügen, in erster Linie rund um den Hals und vorn, damit im Notfall die betreffende Person mit dem Gesicht nach oben zu liegen kommt. Dies ist von großer Wichtigkeit, falls jemand bewußtlos ins Wasser fällt oder, bei längerem Aufenthalt im Wasser, besonders in kaltem Wasser, oft nicht mehr über genügend Kraft verfügt, um sich schwimmend in der richtigen Lage zu halten. Jedes Mannschaftsmitglied sei sich auch bewußt, daß eine Schwimmweste nur dann etwas nützt, wenn sie tatsächlich getragen wird. Im weiteren soll jedes Boot über einen Anker mit der erforderlichen Ankertrosse sowie über einen Bootshaken und Ruder oder Paddel verfügen. Außerdem müssen in jedem Boot geeignete Mittel zum Ausschöpfen von Wasser, zum *Ösen* vorhanden sein. Dazu eignen sich das sogenannte *Ösfaß,* eingebaute oder lose Pumpen oder ganz einfach ein gewöhnlicher kleiner Kübel. Ein Schwamm zum Austrocknen der Bilge sowie ein oder mehrere Fender können an Bord nützlich sein. Für ein etwas größeres

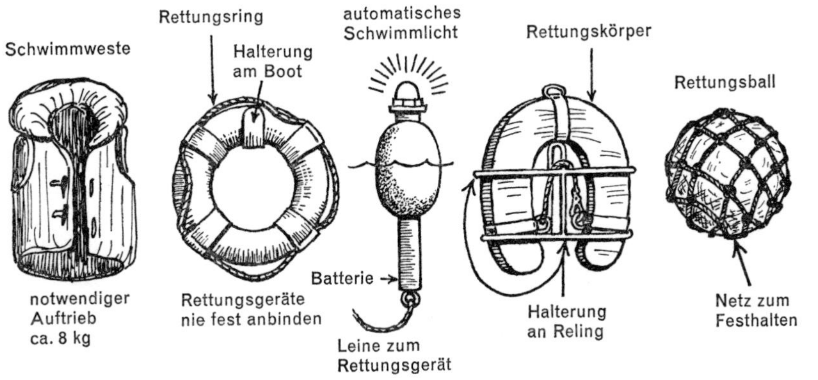

Abb. 92. Rettungsmaterial

Boot gehören zur Ausrüstung auch ein Kompaß, Karten der lokalen Gewässer sowie genügend Belegleinen für das Festmachen in Häfen. Für Erste Hilfe ist eine kleine Apotheke an Bord von Vorteil, dazu Werkzeuge, Ersatzteile und Nähzeug für Reparaturen am Boot. Hierzu gehören Messer, Zangen, Schraubenzieher, Bohrer, Schraubenschlüssel, Schrauben, Bolzen, Splinten, Schäkel, Ersatzblöcke usw.

Große Tourenyachten sollten außerdem über Notraketen, ein Barometer, mehr Werkzeuge und Ersatzlampen verfügen. Für längere Fahrten müssen genügend Frischwasser und Verpflegung an Bord sein und, falls man auf einen Hilfsmotor angewiesen ist, die wichtigsten Ersatzteile sowie selbstverständlich Reservebrennstoff und Öl. Auf jedem größeren Boot sollte neben den Schwimmwesten weiteres Rettungsmaterial vorhanden sein. Wie in Abb. 92 dargestellt, eignen sich dazu der klassische Rettungsring oder modernere Rettungskörper. Diese werden an der Reling so befestigt, daß sie sehr rasch griffbereit sind und einem über Bord Gefallenen nachgeworfen werden können. Falls ein Boot auch während der Nacht segeln soll, ist es von Nutzen, wenn an solchen Rettungsgeräten Lichter befestigt sind, die, umgekehrt aufgehängt, ausgeschaltet sind. Im Wasser drehen sie sich dann in die richtige Lage, wodurch das Licht automatisch eingeschaltet wird. Gut bewährt haben sich auch die Rettungsbälle. Sie sind mit einem Netz versehen, welches das leichte Ergreifen ermöglicht.

Kentern

Jeder Segler wird mit einer Jolle früher oder später einmal kentern. Wenn Boot und Mannschaft gut darauf vorbereitet sind, ist dies aber keineswegs «eine Katastrophe».

Jollen können bei starkem Wind oder in starken Böen leicht kentern, und zwar auf dem Amwindkurs wie auch auf dem Vorwindkurs. Die hauptsächlichsten Ursachen sind: zuviel Segel für die betreffende Windstärke, unerwartete Böen oder unerwartetes Nachlassen von starkem Wind und vor allem Unachtsamkeit.

Um das Kentern, wenn irgendwie möglich, zu vermeiden, sollen die folgenden Regeln beachtet werden: Auf dem Vorwindkurs muß man danach streben, daß der Wind nicht von Lee einfällt. Es kann sonst vorkommen, daß das Boot gegen Luv kentert, insbesondere dann, wenn es in einer Welle stark gebremst wird. Beim Halsen soll man darauf achten, daß das Großsegel vorsichtig dichtgenommen wird, und zwar so, daß es nach dem Halsen klar und schnell ausgefiert werden kann. Nach dem Halsen muß man das Gewicht wieder entsprechend nach Luv verlegen und nicht zu stark anluven. Selbstverständlich ist es bei sehr viel Wind vorsichtiger, nur in Böenpausen zu halsen oder aber eine Wende auszuführen. Auf dem Amwindkurs soll man vor allem die sich nähernden Böen gut beobachten, so daß man bereits vorher mit Anluven oder allenfalls Fieren der Schoten reagieren kann. Niemals sollen bei starkem Wind die Schoten belegt werden, weil man dann selten schnell genug reagieren kann. Es ist auch wichtig, daß man das Boot ständig in Fahrt hält. Auf dem Amwindkurs ist die Gefahr des Kenterns nämlich vor allem dann groß, wenn das Boot gestoppt ist und der Wind das Boot nur noch krängt und nicht mehr vorwärtstreibt.

Wenn sich nun aber trotz aller Vorsicht das Kentern nicht mehr vermeiden läßt, soll die Mannschaft die Luvseite erreichen noch bevor sich das Boot ganz gedreht hat. Bei rascher Reaktion ist es möglich, sich über den Bootskörper hinabzuschwingen und sofort auf das Schwert zu stehen. So kann man ein Boot, das über genügend Auftriebskörper verfügt, unmittelbar wieder aufstellen und beinahe trocken wieder ins Boot gelangen. Insbesondere wenn das Kentern überraschend kommt, besteht eine gewisse Gefahr darin, daß Mitglieder der Mannschaft im Lee ins Wasser geworfen werden und sich in Segel und Schoten verfangen.

Da nicht alle Boote sich ohne weiteres wieder aufrichten lassen und dies in der Regel nur geübten Mannschaften gelingt, soll der Anfänger die folgenden Regeln unbedingt beachten:

1. *Bleibe beim Boot.* Zuerst vergewissere man sich, daß alle Mitglieder der Mannschaft wieder aufgetaucht sind und sich frei bewegen können. Falls die Schwimmwesten nicht getragen wurden (Nichtschwimmer sollten *immer* Schwimmwesten tragen, Schwimmer, sobald einigermaßen starker Wind vorhanden ist), soll man sie aus dem Boot nehmen und anziehen. Niemand soll wegschwimmen. Ein richtig ausgerüstetes Boot verfügt über so viel Auftrieb, daß sich die ganze Mannschaft sicher daran festhalten kann. Es hat sich eindeutig gezeigt, daß die Gefahr beim Wegschwimmen unendlich viel größer ist, als wenn man sich am Boot festhält.

2. *Vermeide, daß das Boot ganz durchkentert.* Bei Booten, die keinen hohlen und wasserdichten Mast haben, besteht die Gefahr des Durchkenterns, das heißt, sie drehen sich vollkommen, so daß der Mast nach unten zeigt und das Schwert nach oben. Um dies zu verhindern, soll ein Mitglied der Mannschaft so schnell wie möglich auf das Schwert stehen, oder man befestigt eine Schwimmweste oder einen Schwimmkörper am Masttopp.

3. *Die Ausrüstung sichern.* Man achte sofort darauf, daß die notwendigen Ausrüstungsgegenstände nicht davonschwimmen. Falls Ruder oder Schwert nicht automatisch gesichert sind, müssen sie festgebunden werden.

Abb. 93 zeigt, wie ein gekentertes Boot wieder aufgerichtet werden soll. Zuerst muß das Boot im Wasser so gedreht werden, daß der Bug gegen den Wind zeigt. Bei Booten, die sich nicht leicht aufrichten lassen, müssen die Segel heruntergenommen und festgezurrt werden. Dann soll ein Mitglied der Mannschaft auf das Schwert stehen, sich zurücklehnen und so das Boot langsam aufrichten. Es ist von Vorteil, wenn ein weiteres Mitglied der Mannschaft im Lee als Gegengewicht dient, falls das Boot auf die andere Seite kentern wollte. Hat das Boot kein selbstlenzendes Cockpit, muß man versuchen, das Wasser so schnell wie möglich aus dem Cockpit zu entfernen. Es ist oft schwierig, ins Boot hineinzugelangen. Die Mannschaftsmitglieder müssen deshalb gut zusammenarbeiten.

Bei geeigneten Booten und mit etwas Glück kann es gelingen, das Boot vom Wasser zu befreien, die Segel wieder zu setzen und weiterzusegeln, als wäre nichts geschehen. Gelingt es nicht, muß man eben warten, bis fremde Hilfe kommt, die das Ausschöpfen und Weitersegeln ermöglicht oder das Boot in einen Hafen oder an den Strand schleppt. Wenn Motorboote zu Hilfe kommen, achte man darauf, daß sich die Schraube nicht in den Schoten oder im Segel verfängt und daß nicht Teile des Bootes beschädigt werden, wenn es mit großer Kraft weggeschleppt wird. Ein Boot darf niemals in gekentertem

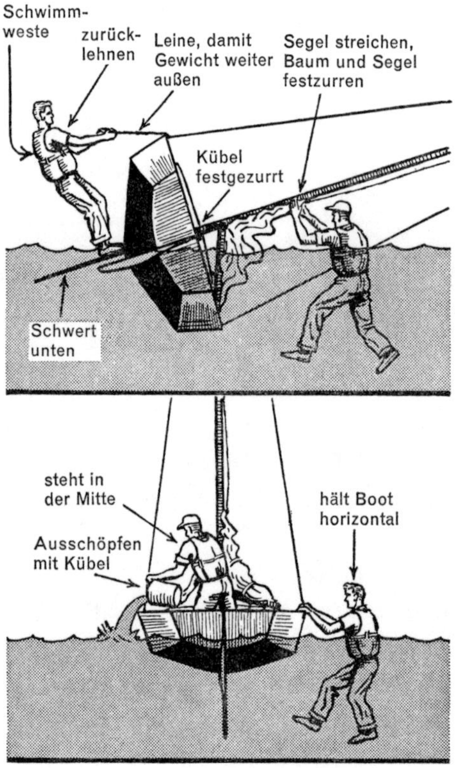

Abb. 93. Aufrichten nach Kenterung

Am Masttopp sollte so bald wie möglich ein Schwimmkörper befestigt werden. Es ist von Vorteil, diesen am Großfall anzuschäkeln, so daß er nach dem Aufrichten heruntergenommen werden kann

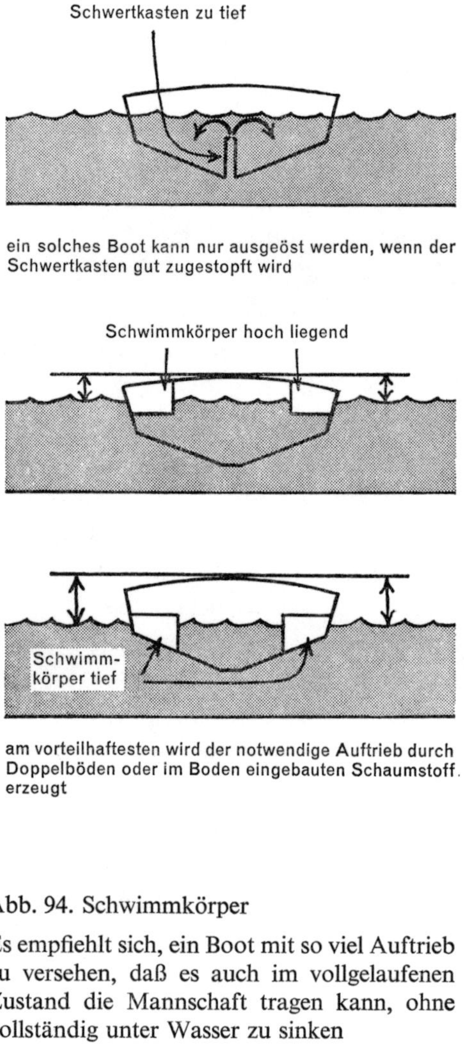

Abb. 94. Schwimmkörper

Es empfiehlt sich, ein Boot mit so viel Auftrieb zu versehen, daß es auch im vollgelaufenen Zustand die Mannschaft tragen kann, ohne vollständig unter Wasser zu sinken

Zustand abgeschleppt werden, sondern nur aufrecht, sehr langsam und erst, wenn etwas Wasser ausgeschöpft worden ist. Viele moderne Jollen verfügen über sogenannte *Lenzklappen,* durch die das Wasser beim Abschleppen (und auch beim Segeln auf dem Raumschot- oder Vorwindkurs) automatisch weggesogen wird.
Wie im 2. Kapitel erwähnt, soll man beim Kauf eines Bootes unbedingt darauf achten, daß es mit den notwendigen Auftriebskörpern versehen ist. Alle Boote, ob sie nun aus Holz oder Kunststoff oder allenfalls Metall hergestellt sind, benötigen zusätzlichen Auftrieb, damit die gesamte Mannschaft nach dem Kentern sicher vom Boot getragen wird. Abgeschottete Luftkammern, Luftschläuche oder Kunststoffblöcke eignen sich als Auftriebskörper. Gemäß Abb. 94 ist es von großem Vorteil, wenn die Auftriebskörper möglichst unten im Boot angebracht sind. Dann schwimmt das Boot in vollgelaufenem Zustand höher, kann also leichter ausgeöst werden, und es besteht weniger die Gefahr, daß durch den Schwertkasten ständig neues Wasser eindringt.

Auf Grund laufen

Boote, die über einen festangebauten Kiel und somit über einen unveränderlichen Tiefgang verfügen, können *auf Grund laufen.* Dies kann vor allem in Ufernähe auch einem erfahrenen Segler gelegentlich passieren und verursacht wie das Kentern bei entsprechender Sachkenntnis in der Regel keine großen Schäden.
Selbstverständlich kann man auch mit einer Jolle auf Grund laufen. Da man aber eine Jolle einfach durch Hochholen des Schwerts wieder flottmachen kann, ist damit nicht viel Ärger verbunden, ausgenommen, es handelt sich um felsigen Grund, so daß das Schwert Schaden leidet.
Es versteht sich, daß auch bei Yachten namentlich dann Schäden am Boot entstehen, wenn sie auf felsigen Grund laufen. Bei sandigem oder schlammigem Boden besteht das Problem lediglich darin, wieder von der Untiefe wegzukommen.
In einem Gebiet von merklicher Flut und Ebbe kann dies so geschehen, daß man die Segel streicht, sich allenfalls mit einem Anker zusätzlich sichert und wartet, bis Flut einsetzt. Jedenfalls sollte man den Grund rund um das Boot erkunden und mit Karten vergleichen, damit man erkennt, in welcher Richtung tieferes Wasser erreichbar ist.
Zuerst versucht man normalerweise, mit Hilfe des Motors, eines Bootshakens oder eines Paddels sich von der Untiefe zu entfernen. Falls dies nicht gelingen sollte, kann man den Anker einsetzen. Mit einem Dingi oder allenfalls durch Werfen oder durch Wegtragen

im seichten Wasser läßt sich der Anker genügend weit vom Boot entfernt im Seegrund festhaken. Damit beim Herausziehen des Bootes der Widerstand möglichst gering sei, bemüht man sich, das Boot so stark es geht zu krängen, bei günstiger Windrichtung allenfalls mit den Segeln, sonst durch Anbringen eines Gewichts am ausgefierten Baum, der mit der Dirk gesichert ist. Es kann dabei von Vorteil sein, die Mannschaft abwechslungsweise auf den Bug und auf das Heck zu konzentrieren und so die Bewegung in Gang zu bringen.

Falls es auch dann nicht gelingen sollte, das auf Grund gelaufene Boot freizubekommen, muß man fremde Hilfe in Anspruch nehmen. Wird man von einem großen Motorboot weggeschleppt, achte man darauf, daß die Schlepptrosse sicher befestigt ist und nicht an Beschlägen, die für eine derartige Belastung nicht berechnet sind.

Mann über Bord

Jeder Segler sollte sich vollkommen im klaren darüber sein, was zu tun ist, wenn jemand über Bord fällt. Falls es sich um einen schlechten Schwimmer handelt, falls starker Wind oder stürmisches Wetter herrscht und bei Nacht werfe man dem Verunglückten unverzüglich ein Rettungsgerät oder eine Schwimmweste zu. Deshalb soll, wie bereits erwähnt, ein Rettungsring oder ein Schwimmkissen vom Cockpit aus leicht greifbar sein. Man achte aber darauf, daß solche Geräte, besonders wenn sie schwer sind, den Betreffenden nicht am Kopf treffen. Falls man sich unter Motor bewegt, ist die Rettung in der Regel nicht schwierig, doch sei man vorsichtig, damit der Verunglückte durch die Schraube nicht verletzt wird.

Unter Segel, besonders auf größeren Yachten, ist das Manöver jedoch nicht so einfach. Bei der ganzen Aktion setze man alles daran, den Mann dauernd im Auge zu behalten. Bei hohen Wellen und bei Nacht kann es nämlich sehr leicht vorkommen, daß man trotz rascher Reaktion und guter Manöver die Unfallstelle nicht mehr findet. Die einfachste Methode, wieder zum Verunglückten zurückzukommen, besteht darin, sofort zu halsen. Abb. 95 läßt erkennen, wieviel einfacher das Manöver mit einer Halse als mit Wenden ausgeführt werden kann. Die Annäherung an den Verunglückten soll stets schräg gegen den Wind mit killenden Segeln erfolgen. Wenn beinahe keine Fahrt mehr im Boot ist, gelingt es am besten, den Mann in Lee an Bord zu ziehen. Nur wenn man sich auf einem Boot befindet, auf welchem das Halsen nur mit großen Schwierigkeiten ausgeführt werden kann, soll man das Manöver mit einer Wende einleiten. Es ist jedenfalls von Nutzen,

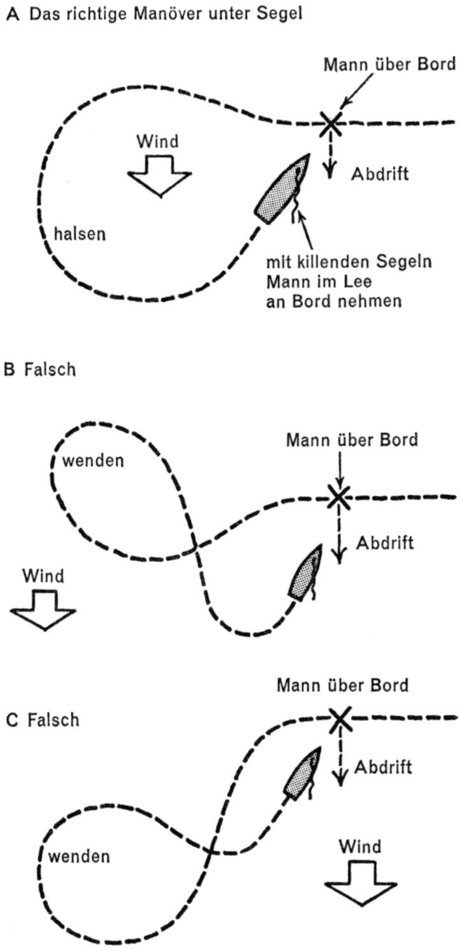

Abb. 95. Mann über Bord

1. Lautes Kommando «Mann über Bord»
2. Schwimmkörper zuwerfen
3. Jemand beobachtet ständig den Verunglückten
4. Halsen

sich sorgfältig auf das Manöver vorzubereiten, auch wenn man sich dadurch etwas weiter vom Verunglückten entfernen sollte.

Es empfiehlt sich, das «Mann-über-Bord-Manöver» bei verschiedenen Windverhältnissen zu üben. Es kann einfach dadurch geschehen, daß man – für den verantwortlichen Bootsführer möglichst überraschend – irgendeinen Gegenstand über Bord wirft und so das «Mann-über-Bord-Manöver» einleitet.

Empfehlungen zur Erhöhung der Sicherheit

1. Führe die am Anfang des Kapitels aufgeführten Sicherheitseinrichtungen an Bord.
2. Bewege dich an Bord nur mit Segelschuhen, deren Sohlen mit einem besonderen Gleitschutz versehen sind. Vermeide es, auf nassen Flächen ungesichert zu gehen. Ebenso gefährlich ist es, auf Segel zu stehen, da sie sehr leicht rutschen.
3. Lerne gut schwimmen. Falls du einen Nichtschwimmer an Bord hast, gib ihm eine Schwimmweste, sobald er an Bord kommt. Lerne, künstlich zu beatmen. Wirksame Mund-zu-Mund-Beatmung kann ein Leben retten.
4. Denke an die möglichen Notsignale. Sie werden auf kleineren Booten gegeben durch Rundherumschwingen einer Flagge oder der Arme; durch Pfeifen-, Horn- oder Glockensignale; durch SOS-Signale; durch Lichtsignale oder Notraketen.
5. Führe stets ein taugliches Messer mit, falls es notwendig wird, eine Leine zu *kappen*.
6. Verfügst du über einen Hilfsmotor, sei vorsichtig beim Tanken. Laß keinen Brennstoff in die Bilge fließen und lösche vor dem Tanken alle Lichter. Entlüfte den Motorenraum nach dem Tanken während mindestens fünf Minuten.
7. Überprüfe, ob der Benzintank richtig installiert ist. Abb. 96 stellt die korrekte bzw. falsche Montage eines Benzintanks dar.
8. Damit Bilge und Motorenraum von Benzindämpfen frei gehalten werden können, ist gegebenenfalls ein Ventilator einzubauen.
9. Bei rauhem Wetter denke stets an den alten Seemannsspruch: «Eine Hand für das Schiff und eine Hand für dich selbst.» Auf Hochsee ist es heute üblich geworden, sich bei Arbeiten auf Deck stets mit einer *Sorgleine* zu sichern, und zwar oft doppelt, so daß immer eine Leine eingehakt ist.
10. Stehe nie mit dem Fuß in die *Bucht* einer Leine, die plötzlich angeholt werden könnte, und stehe nie im Winkel einer Trosse unter großer Spannung, denn bei Versagen des Blocks könnte ein Unfall entstehen (Abb. 97).
11. Wenn du eine Schot hinter einem Block bedienst, greife nicht zu nahe an den Block, sonst könnte ein Finger verletzt werden (Abb. 97).
12. Sei vorsichtig bei der Bedienung von Winschen. Studiere ihre Funktion! Man achte darauf, daß man nicht durch einen Schlag der Kurbel am Kopf verletzt wird.
13. Halte stets ein Auge auf alle Beschläge, so daß du rechtzeitig erkennst, ob sie lose sind, oder ob Splinten fehlen, Schäkel offen sind usw. Es empfiehlt sich, zur Sicherung gefährliche Stellen mit Klebband abzubinden.

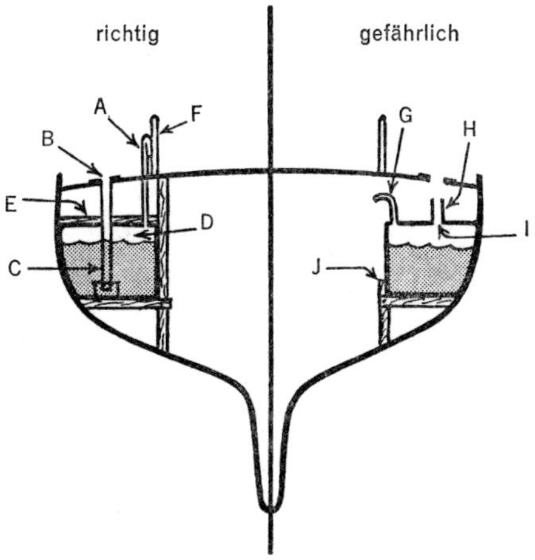

A Ventilation an Deck, so daß kein Wasser eindringt
B Einfüllstutzen fest mit Deck verschraubt
C Füllrohr bis auf Tankboden
D Tank mit Schotten, daß sich Benzin nicht zu stark bewegt. Benzinleitung mit Absperrhahn, von außen gut erreichbar
E Tank gut im Boot befestigt
F Ventilation in der Nähe des Waschbords oder der Kajütwand und gut befestigt
G Ventilation unter Deck
H Einfüllstutzen nicht mit Deck verbunden
I Füllrohr nicht bis auf Tankboden – Explosionsgefahr!
J Tank nicht sicher befestigt

Abb. 96. Benzintank-Installation

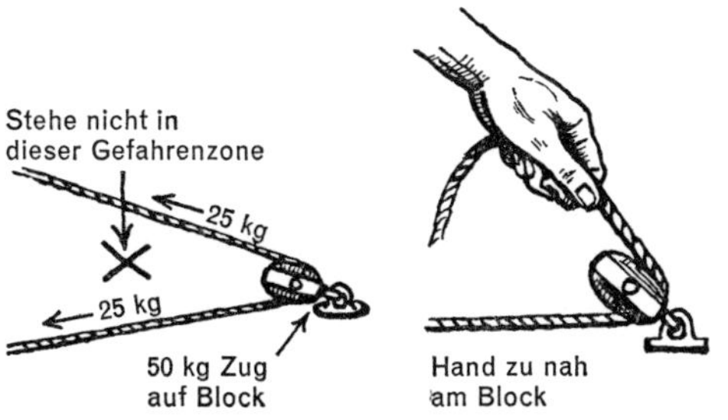

Abb. 97. Vorsicht bei Umlenkblock

Beachte: Die Gefahr ist besonders groß bei elastischen Kunststoff-Leinen, da der Block bei Bruch mit großer Energie weggeschleudert wird

14. Wenn du unter Motor ein Beiboot oder ein anderes Segelboot schleppst, paß auf, daß sich die Schlepptrosse nicht in der Maschinenschraube vertörnt.

15. Bei kleinen Booten sei vorsichtig, daß sie nicht überladen sind. Wer im Umgang mit kleinen Dingis nicht geübt ist, soll darin möglichst sitzen.

16. Wenn du oben am Mast Reparaturen ausführen mußt, sei vorsichtig beim Aufhissen des *Bootsmannsstuhls.*

17. Achte darauf, daß auf Deck keine unnötigen Beschläge die Bewegung behindern, aber daß genügend Möglichkeiten vorhanden sind, um sich festhalten zu können.

18. Habe stets ein wachsames Auge auf Mannschaft, Boot, Ausrüstung, See, Wind und Wetter.

14. Regattasegeln

Für viele Segler bedeutet erst die Teilnahme an einer Regatta richtiges Segeln und Sport. Dies mag übertrieben sein. Unbestritten aber ist, daß das Regattasegeln zu den faszinierendsten Sportarten gehört.

Dreiecksregatten

Die große Mehrzahl der Regatten wird auf einem durch Bojen – genannt *Bahnmarken* – abgesteckten Parcours gesegelt, der sehr oft dreieckige Form hat. Der Start erfolgt in der Regel zwischen dem sogenannten *Startboot* und einer Bahnmarke hindurch gegen den Wind. In der Folge müssen die einzelnen Bahnmarken nach einem speziellen Kursplan der Reihe nach gerundet werden. Die Ziellinie wird zwischen einem *Komiteeboot* und der letzten Bahnmarke festgelegt. Von diesem Komiteeboot aus werden die für den Start und den weiteren Verlauf der Regatta notwendigen Signale gegeben, meist mittels Flag-

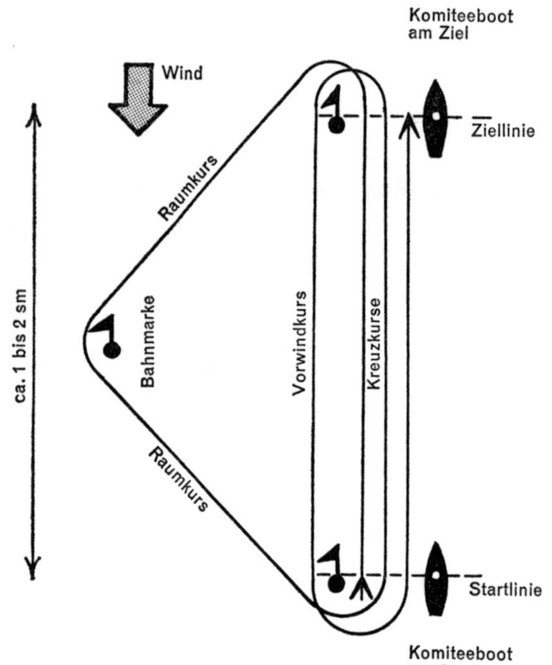

Abb. 98. Beispiel eines Dreieckkurses

gen oder Tafeln und unterstützt durch Schüsse. Abb. 98 skizziert den heute vorwiegend verwendeten *Dreieckkurs*.
Dreiecksregatten werden meist für einzelne Regattaklassen ausgeschrieben. Man unterscheidet *Einheitsklassen* und *Konstruktionsklassen*. Als Einheitsklassen bezeichnet man die Klassen, bei welchen durch strenge Baubestimmungen erreicht werden soll, daß die einzelnen Boote absolut gleichwertig sind. Die große Mehrzahl der Regattaklassen wie z.B. die olympischen «Drachen», «Soling», «Star», «Tempest», «Flying Dutchman» und «Finn» gehört zu den Einheitsklassen (Abb. 99). Als Konstruktionsklassen bezeichnet man die Bootsklassen, bei welchen die Abmessungen nur durch Grenzmaße und sogenannte Konstruktionsformeln bestimmt sind. Die bekanntesten Konstruktionsklassen sind die «Zwölfmeter»- und die «Fünfeinhalbmeter»-Rennyacht (ehemaliges Olympiadeboot) sowie die «Moth»-Jolle.
Der Reiz des Regattasegelns liegt nicht nur darin, daß mit Hilfe eines perfekt getrimmten Segelboots und des vorhandenen Winds der vorgeschriebene Kurs gegen Wellen und Strömungen möglichst schnell durchlaufen wird, sondern vor allem auch darin, daß dieser schnellste Weg durch taktisch kluges Verhalten gegenüber den Rivalen (je nach Bootsklasse etwa 20 bis 50 und mehr) erreicht und dauernd verteidigt wird. Dreiecksregatten führen in der Regel über Kurse von maximal ca. 10 Seemeilen Länge und einer Dauer von etwa 2 bis 4 Stunden.

Hochseeregatten

Im Gegensatz zu den Dreiecksregatten werden *Hochseeregatten* über relativ große Distanzen gesegelt. Dies bedeutet, daß nicht nur die Geschwindigkeit des Bootes und die Taktik gegenüber den Gegnern eine Rolle spielen, sondern vor allem auch die Navigation. Es gilt, diejenige Route zu finden, welche die günstigsten Winde und Strömungen aufweist. Die berühmtesten Hochseeregatten sind das «Bermuda-Rennen» von New York nach den Bermudas, das «Fastnet-Rennen» von England nach Irland und zurück und die «Sydney-Hobort-Regatta» von Australien nach Tasmanien, alle über eine Distanz von mehr als 600 Seemeilen.
Die größte Schwierigkeit bei solchen Regatten liegt darin, daß es praktisch nicht möglich ist, in Klassen zu segeln. Da die Yachten, welche an solchen Rennen teilnehmen, relativ groß sind, gibt es kaum zwei genau gleiche Boote, die nach derselben Konstruktionsformel konstruiert wurden. Seitdem solche Regatten veranstaltet werden, sucht man

«Drachen» –
Dreimann-Kielboot aus Holz
Länge 8,9 m / Segelfläche 27 m²

«Soling» –
Dreimann-Kielboot aus
Kunststoff
Länge 8,1 m / Segelfläche 22 m²

«Starboot» –
Zweimann-Kielboot aus Holz
oder Kunststoff
Länge 6,9 m / Segelfläche 26 m²

«Tempest» –
Zweimann-Kielboot aus
Kunststoff
Länge 6,7 m / Segelfläche 23 m²

«Flying Dutchman» –
Zweimann-Jolle aus
Sperrholz oder Kunststoff
Länge 6,0 m / Segelfläche 16 m²

«Finn-Dinghy» –
Einmann-Jolle aus
Sperrholz oder Kunststoff
Länge 4,5 m / Segelfläche 10 m²

Abb. 99. Die Regattaklassen an den olympischen Spielen 1972

auch nach möglichst gerechten *Ausgleichsformeln.* Die in den letzten Jahren gebräuchlichsten Vermessungsarten sind die englische RORC-Formel, die amerikanische CCA-Formel und die deutsche KR-Formel.
Seit 1970 sind jedoch Bestrebungen im Gange, Hochseeregatten nur noch nach einer einzigen, der neuen IOR-Formel, auszuschreiben.

Wettsegelbestimmungen

Sämtliche für die Organisation und die Durchführung von Regatten notwendigen Vorschriften und Regelungen werden in den *internationalen Wettsegelbestimmungen* festgehalten. Die Wettsegelbestimmungen wurden im Laufe der Jahre oft geändert und ergänzt, so daß sie heute zu einem außerordentlich komplizierten, schwer verständlichen Gebilde geworden sind.
In einem ersten Teil werden die notwendigen Begriffe bestimmt. Der zweite Teil befaßt sich mit der Veranstaltung von Wettfahrten; er legt die Kompetenzen der Wettfahrtleitung und der Schiedsrichter fest sowie die Regeln, nach welchen eine Regatta ausgeschrieben und durchgeführt werden muß. Im dritten und im fünften Teil werden allgemeine Regeln, vor allem über Konstruktion und Ausrüstung der Boote festgehalten. Der vierte und wichtigste Teil der Wettsegelbestimmungen umfaßt die eigentlichen Ausweichregeln, welche die allgemein auf Gewässern üblichen Vorschriften ersetzen und ergänzen. Im sechsten Teil schließlich werden die Protest- und Berufungsverfahren bei Regelverstößen festgelegt. Die Wettsegelbestimmungen kennen im wesentlichen für Regelverstöße nur eine Sanktion, die Disqualifikation.

Der Amerika-Pokal

1851 gewann der amerikanische Schoner «America» eine Regatta rund um die Insel Wight vor England. Der dabei gewonnene Pokal wird seither «Amerika-Pokal» genannt oder auch «die bodenlose Kanne», da sie sinnigerweise tatsächlich bodenlos ist.
Der Pokal wurde in der Folge wieder ausgeschrieben. An den Regatten können jedoch nur zwei Yachten teilnehmen, der «Herausforderer» und der amerikanische Verteidiger. Seither haben viele englische, aber auch kanadische, australische und französische Yachten versucht, den amerikanischen Verteidiger zu schlagen – stets vergeblich. Seit 1958 werden die Amerika-Pokal-Regatten mit Zwölfmeter-Rennyachten gesegelt, der größten heute für Dreiecksregatten verwendeten Konstruktionsklasse.

Die besten Schiffsbau-Ingenieure der Welt beteiligen sich an der mit großem Aufwand betriebenen Konstruktion neuer Yachten, die um den Amerika-Pokal segeln sollen. Mit wissenschaftlichen Methoden (Modellversuchen) werden neue Formen und Materialien entworfen und getestet. Dabei ergeben sich auch für den übrigen Yacht- und Schiffsbau wertvolle Erkenntnisse und Impulse.

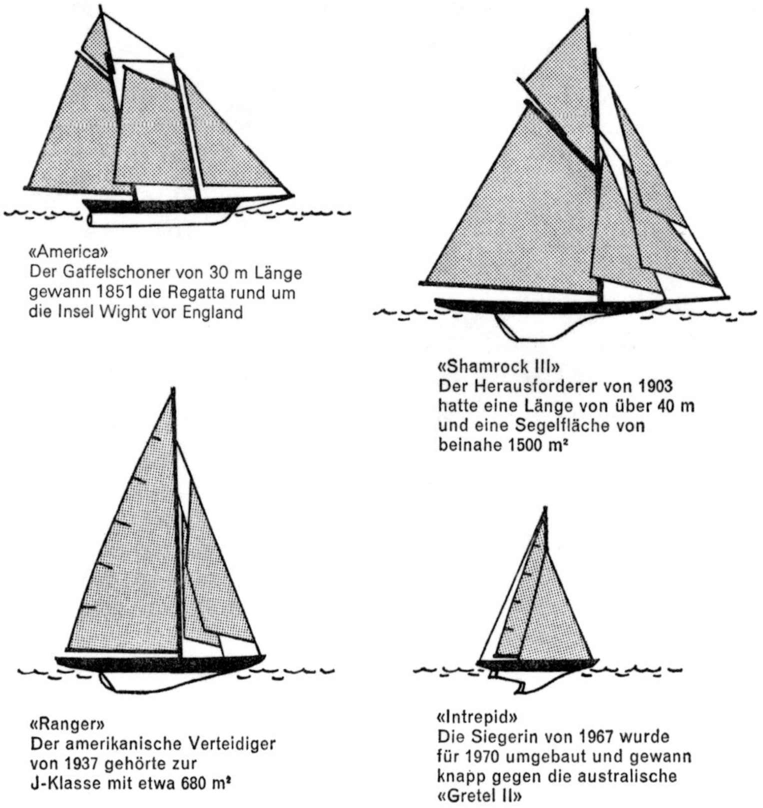

Abb. 100. Amerika-Pokal-Yachten im Laufe der Zeit (Beispiele)

Verzeichnis der Fachausdrücke

Die *kursiv* gesetzten Zahlen verweisen auf Abbildungs-Nummern

Stuart H. Walker

Taktisch richtig segeln

Mit 75 Zeichnungen im Text und 16 Photos auf Kunstdrucktafeln. Zweite Auflage. Kunstleder.

Dieser Leitfaden zur erfolgreichen Regatta, der aus eigener Praxis für den praktischen Gebrauch des Seglers geschrieben ist, geht von der richtigen Erkenntnis aus, daß es kein Nachschlagewerk für Verhaltensregeln vor und während einer Regatta geben kann, weil sich keine zwei Regattasituationen gleichen und jede Phase der Regatta auch neue taktische Probleme bringt. Deshalb schildert der Autor in jedem Kapitel taktische Situationen, denen er sich selbst gegenübersah und wie sie in jeder Regatta auftreten können, und sagt, welche Überlegungen er zur Lösung des Problems anstellte und wie sich die praktische Ausführung dieser Überlegungen auswirkte. Das erlaubt dem Leser, Vergleiche mit eigenen Erfahrungen zu ziehen. In jeder Situation wird außerdem die Frage des psychologischen Verhaltens – sowohl des eigenen, wie auch des Gegners – grundlegend erörtert. Durch diese Einbeziehung psychologischer Faktoren unterscheidet sich das Werk positiv von anderen Segelbüchern, die sich meist nur mit der reinen Taktik befassen, was bei den heute gegebenen Regattaverhältnissen nicht mehr genügt. – Eine bessere Schulung zum Regattaerfolg ist nicht denkbar! Walkers Buch wird sowohl dem Anfänger wie auch dem erfahrensten und anspruchsvollsten Segler unentbehrlich werden.

Michel Mermod

Über Meere zu Menschen

Als Alleinsegler um die Welt. – Mit einem Vorwort von Jean Merrien, 10 Zeichnungen im Text und 28 Photos auf Kunstdrucktafeln. Leinen.

Fünf Jahre, von 1961 bis 1966, dauerte die Weltumseglung, die der junge Westschweizer Globetrotter in einem kaum acht Meter langen Boot, allein, wagte. In seinem von der ersten bis zur letzten Zeile packenden Erlebnisbericht schildert er Schwierigkeiten und Beglückung, Gefahren und Zauber dieser Fahrt.

Albert Müller Verlag · Rüschlikon-Zürich · Stuttgart · Wien